heptagon

LUISE KAUTSKY: GESAMMELTE SCHRIFTEN

HERAUSGEGEBEN VON GÜNTER REGNERI

BAND 2

Luise Kautsky

Starke Frauen

–

15 Porträts
von Jenny Marx
bis Rosa Luxemburg

Bibliografische Information der Deutschen Bibliothek:
Die Deutsche Nationalbibliothek verzeichnet diese Publikation in der Deutschen Nationalbibliografie. Detaillierte bibliografische Daten sind im Internet unter http://dnb.d-nb.de abrufbar.

ISBN: 978-3-934616-04-2

Pappelallee 55 , 10437 Berlin
info@heptagon.de

1. Auflage (November 2018)

Herstellung: BoD - Books on Demand, Norderstedt

Dieses Buch ist auch als E-Book (ISBN: 978-3-934616-03-5) erhältlich.
Besuchen Sie uns im Internet: www.heptagon.de

Inhalt

Einleitung

Luise Kautsky gehörte in den ersten vier Dekaden des 20. Jahrhunderts zu den bekanntesten Persönlichkeiten der internationalen sozialistischen Bewegung.

Geboren wurde Luise Kautsky am 11. August 1864 in Wien als Luise Ronsperger, Tochter einer wohlhabenden jüdischen Familie, die im 4. Bezirk (Wieden) eine Konditorei betrieb. Luises vollständig assimilierte Eltern sorgten für eine profunde Schulausbildung. Auf der Höheren Bildungsschule des Wiener Frauen-Erwerb-Vereins lernte Luise unter anderem Englisch, Französisch sowie im Abendkurs auch Italienisch.

1890 heiratete sie den sozialistischen Theoretiker Karl Kautsky und siedelte nach Deutschland über, erst nach Stuttgart, 1897 nach Berlin. Luise Kautsky arbeitete – wie damals durchaus üblich – unbesoldet als Privatsekretärin und Übersetzerin ihres Ehemanns. Sie verwandelte ihr Zuhause in eine offene Heimstatt für alle Sozialistinnen und Sozialisten, ungeachtet dessen woher sie kamen. Ihre Sprachkenntnisse nutzte sie, um ein »soziales Netzwerk« mit zahllosen Menschen aus aller Welt zu knüpfen. Ihre private Briefkorrespondenz – ohne den Geschäftsverkehr für Karl und ohne die Briefe an Familienmitglieder – umfasst über 500 Adressaten.

Im Schatten ihres Ehemanns trat Luise Kautsky selbst als Publizistin in Erscheinung. Ihr Œuvre umfasst mehrere hundert Druckseiten. Über einen Zeitraum von mehr als vierzig Jahren übersetzte sie mehrere Bücher und diverse Artikel aus dem Französischen und Englischen, rezensierte belletristische und sozialistische Literatur und verfasste Texte für Bücher und Zeitschriften. Innerhalb des internationalen Netzwerks sozialistischer Zeitschriften waren ihre biografischen Artikel anlässlich von Gedenk- oder Todestagen besonders beliebt.

Texte solcherart beinhaltet das vorliegende Buch. Luise Kautsky porträtiert darin fünfzehn Frauen der internationalen sozialistischen Bewegung des 19. und frühen 20. Jahrhunderts. Luise Kautsky kannte die Mehrzahl der Frauen persönlich und war mit den meisten befreundet.

Viele der beschriebenen Frauen sind heute aus der öffentlichen Erinnerung verschwunden, genossen aber zu ihren Lebzeiten große Bekanntheit. Eine Ausnahme bildet Rosa Luxemburg, deren Texte in Deutschland auch 100 Jahre nach ihrem Tod noch heftige politische Kontroversen auslösen.

Mit Rosa Luxemburg verband Luise die engste Freundschaft, der auch das politisches Zerwürfnis zwischen Rosa und Luises Ehemann Karl nichts anhaben konnte. In diesem Buch finden sich zwei Texte über Rosa Luxemburg, Gedenkartikel, die erstmals anlässlich ihres zehnten und des fünfzehnten Todestages veröffentlicht worden waren.

Neben Rosa Luxemburg umfasst der Kreis der Portraitierten die unterschiedlichsten Persönlichkeiten: Die Dänin Nina Bang bekleidete als erste Frau ein Ministeramt in einer international anerkannten Regierung. Julie Bebel war wie die Autorin selbst die Ehefrau eines Arbeiterführers, August Bebel. Mit Helene Demuth und Jenny Marx portraitiert Luise Kautsky aus dem privaten Umfeld von Karl Marx.

Eva Broido und Wera Sassulitsch erlitten im zaristischen Russland Gefängnis, Exil und Verbannung und kämpften auf Seiten der menschewistischen Sozialisten in den Revolutionen von 1905 und 1917. Fruma Frumkina und Evstolia P. Ragozinnikowa hatte Luise Kautsky nicht persönlich kennengelernt. Die beiden gehörten der sozialrevolutionären Partei in Russland an und wurden als Attentäterinnen auf besonders brutale zaristische Funktionsträger hingerichtet. Die US-amerikanische Ärztin Anna Ingermann stammte ursprünglich aus Russland und stand in regem Briefkontakt mit Luise Kautsky.

Emma Ihrer und Luise Zietz repräsentieren zwei deutsche Gewerkschafterinnen der Kaiserzeit. Die sozialistische Schriftstellerin Minna Kautsky war Stammkundin im Kaffeehaus der Familie Ronsperger, wo die damals 16-jährige Luise sie kennenlernte. 1890 heiratete Luise Minnas Sohn Karl Kautsky. Oda Olberg stammte aus Bremerhaven, lebte und arbeitete viele Jahre als Journalistin und Übersetzerin in Italien und Österreich, bevor sie 1934 nach Argentinien emigrierte. Clara Zetkin lernte Luise Kautsky bereits in den 1890er Jahren in Stuttgart kennen. Zetkin arbeitete damals als Journalistin und Herausgeberin der sozialdemokratischen Frauenzeitschrift ***Die Gleichheit***, für die auch Luise Kautsky diverse Artikel schrieb. Später wurde Zetkin eine der führenden Politikerinnen der KPD.

Die Autorin selbst gehörte zu ihren Lebzeiten zu den meist geachtetsten Frauen der internationalen sozialistischen Bewegung. Luise Kautskys damaliger Bekanntheitsgrad kann überhaupt nicht überschätzt werden. Er reichte sogar bis in die menschengemachte Hölle der nationalsozialistischen Vernichtungslager. Als sie als 80-jährige nach Auschwitz-Birkenau verschleppt wurde, retteten Mitgefangene Luise Kautsky vor der Gaskammer, indem sie sie von der Selektionsrampe in den Krankenblock des Lagers schmuggelten. Dort starb Luise Kautsky am 8. Dezember 1944.

Das vorliegende Buch ist als Lesebuch konzipiert. Es folgt den von Luise Kautsky im Zeitraum 1907 bis 1934 publizierten Buch- und Zeitungsartikeln. Die Orthografie wurde behutsam an die neue Rechtschreibung angepasst, offensichtliche Fehler im Druck wurden stillschweigend korrigiert, die Schreibweise von Personen, Organisationen und Zeitschriften vereinheitlicht. Originalfußnoten der Autorin wurden mit arabischen Ziffern gekennzeichnet und unterhalb des Textes auf der jeweiligen Buchseite platziert.

Günter Regneri

Nina Bang

(1866 – 1928)

Quelle: »Erinnerungen und Gestalten aus der Internationale«, in: **Handbuch der Frauenarbeit in Österreich.** Herausgegeben von der Kammer für Arbeiter und Angestellte in Wien, Wien (Kammer für Arbeiter und Angestellte) 1930, S. 618–642.

Eine liebliche, blonde, schlanke, junge Frau, die mit vom Mutterglück verklärtem Gesicht uns ihr kleines Mädelchen präsentiert, das sie auf dem Arm trägt – so führte sich Nina Bang etwa um das Jahr 1900 bei uns in Berlin ein. Sie und ihr hochaufgeschossener, schmalschultriger Mann, von dem sie unzertrennlich war, hörten damals Vorlesungen an der Berliner Universität und wollten auch das deutsche Parteileben an der Quelle studieren.

Nina Bang entstammte einer deutschen Beamten- und Gelehrtenfamilie – ihr Mädchenname war Ellinger. Aber sie war in Kopenhagen aufgewachsen, hatte nur dänische Schulen besucht und an der dortigen Universität promoviert. Sie hatte es zu den höchsten Graden gebracht und war wegen ihrer wissenschaftlichen Leistungen schon bei ihren Professoren sehr angesehen.

Von brennendem Lerneifer beseelt, macht sich die junge Gelehrte an die Erforschung der in den Kopenhagener Staatsarchiven ruhenden wirtschaftsgeschichtlichen Aktenstöße. Da waren keine blendenden Erfolge zu holen, da galt es unermüdlich zu arbeiten, mit der Emsigkeit einer Ameise an einem Material, das über alle Begriffe langweilig war und dem Laien ganz gleichgültig erschien. Bestand es doch aus Tausenden und Abertausenden von Rechnungen über die Sundzölle, das sich über Jahrzehnte, wenn nicht Jahrhunderte erstreckte. Nina Bangs wissenschaftlicher Scharfsinn hatte aber erkannt, dass in diesem ermüdend gleichförmigen Material ungemein wertvolle Aufschlüsse steckten, für die Geschichte der Hanse und des Handels von England bis nach Russland sowie für die Geschichte der Wirtschaft und der Schifffahrt ihres eigenen Landes.

Sie hat zuerst dieses wichtige Material der wissenschaftlichen Forschung erschlossen, und zwar anfänglich nur ihrer eigenen Forschung. Als sie aber ihrer Sache sicher war, gelang es ihr, weitere maßgebende Kreise von der Wichtigkeit dieser archivalischen Schätze zu überzeugen und sie zu deren Ausbeutung heranzuziehen.

Großer Forschungsdrang gepaart mit zäher Energie und einem angeborenen Organisationstalent ließen sie eine Organisation ins Leben rufen, die unter ihrer Leitung das ungeheure Material verarbeitete. Die nicht geringen Mittel dazu wurden von den Regierungen der daran interessierten Länder aufgebracht; auch verschiedene Stadtverwaltungen beteiligten sich an den sehr erheblichen Kosten. Für Nina Bang aber bedeutete dieses große Werk über die Sundzölle eine Lebensarbeit, von der sie allerdings oft seufzend sagte, dass ihr eigenes Leben zu deren Vollendung wohl nicht ausreichen werde. Leider hat sie mit dieser Prophezeiung Recht behalten.

Schon auf der Universität hatte Nina mit dem Studenten der Geschichtswissenschaften Gustav Bang einen Herzensbund geschlossen. Er war überzeugter Marxist und gleich ihr ein ernster und trotz seiner Jugend in Kreisen der Partei und der Wissenschaft hoch angesehener Forscher. Leider zerriss sein frühzeitiger Tod diese harmonische Ehe, in der zwei Menschen sich in seltener

Übereinstimmung zu gemeinsamer wissenschaftlicher Forschung zusammengefunden hatten. Und diese Harmonie hatte sich nicht bloß auf ihr Denken, sondern auch auf ihr Fühlen erstreckt. Beide waren echte Sozialisten, die ihren Sozialismus fest verankert in sich trugen, deren ganzes Empfinden von ihm durchtränkt war.

Äußerst einfach und bescheiden in ihrem Auftreten, immer hilfsbereit, voll des tiefsten Respektes für diejenigen, die sie als treue Diener der Partei schätzten oder vor deren Wissen sie sich ehrfurchtsvoll beugten, so kannten und liebten wir sie und so bildeten sie um die Jahrhundertwende etwa ein Jahr lang eine Zierde unseres geselligen Kreises in Berlin.

Mit aufrichtigem Schmerz erfüllte uns die Nachricht von Gustav Bangs frühem Tode und wir fürchteten Schlimmes für den Gemützustand der jungen Witwe, die so sehr an ihrem Mann gehangen hatte. Aber Nina Bang bewies uns und allen ihren Freunden, dass in ihrem zarten Körper ein stählerner Geist wohnte. Mit verdoppeltem Eifer stürzte sie sich in ihre wissenschaftliche Tätigkeit, daneben aber pflegte sie jetzt in verstärktem Maße auch die Arbeit in der Partei, die sie schon zu Lebzeiten ihres Mannes und mit diesem zusammen aufgenommen hatte. Da sie sich eigentlich zum Lehrberuf ausgebildet hatte, so wirkte sie mit Vorliebe in Unterrichtskursen und Schulen für die Arbeiterschaft, war für das dänische Parteiorgan als Mitarbeiterin tätig und wurde 1913 als Vertreterin der Sozialdemokratie in die Kopenhagener Stadtverwaltung gewählt. Fünf Jahre später wurde sie, die auf Grund ihrer wirtschaftlichen Kenntnisse auch bei den Gegnern die höchste Achtung genoss, als einzige Frau in die erste dänische Kammer (»Landsthing« gleich Oberhaus) und in den parlamentarischen Finanzausschuss berufen. Ihr Wirken in diesen Körperschaften verschaffte ihr immer allgemeinere Wertschätzung. Ihr Ansehen im In- und Ausland stieg von Jahr zu Jahr und die ganze sozialistische Internationale in der sie von jeher zuhause und sehr belieht war und deren Kongresse sie regelmäßig als dänische Delegierte besuchte, sah mit Stolz auf diese tüchtige Frau.

Und als 1924 das erste sozialistische Ministerium in Dänemark ans Ruder kam, verstand es sich von selbst, dass Nina Bang ihm angehören würde. Und ebenso selbstverständlich war es, dass man ihr das Unterrichtsministerium anvertraute, für das sie, wie kein zweiter Kandidat geeignet erschien.

Mit der Bescheidenheit, die von jeher ihr Wesen kennzeichnete und mit der ruhigen Sicherheit, die ihr Wissen ihr verlieh, aber auch mit stolzer Freude über den Sieg ihrer Partei, trat sie ihr neues Amt an, das ihr eine ungeheure Fülle von Mühe und Arbeit brachte. Charakteristisch für sie sind einige Äußerungen aus jener Zeit, als man sie fragte, wie sie sich als erster weiblicher Minister in Dänemark fühle. Sie fand, »es habe wohl eine gewisse Bedeutung für die Hunderttausende von Frauen, die allein leben müssen: Witwen, Geschiedene, Unverheiratete, die alle ums tägliche Brot arbeiten müssen. Für die mag es wohl einen gewissen Wert haben, dass eine Frau im Ministerium sitzt...« Und als man meinte, es müsse auch von Bedeutung für die »Frauenfrage« sein, da sagte sie lächelnd:

> »Ich bin niemals an der ›Frauenfrage‹ speziell interessiert gewesen. Frauen, die einsam, unbefriedigt sind, denen der Lebensinhalt fehlt, greifen oft diese oder jene Frage auf. Ich war so glücklich, vor fünfundzwanzig Jahren vom Sozialismus ergriffen worden zu sein, der durchaus keine Frauenfrage, sondern die Frage an und für sich, für Männer wie für Frauen ist. Dem Sozialismus müssten alle die Hunderttausende einsamer Frauen angehören...« »Allerdings«,

fügte sie hinzu,

> »umfasst gerade das Unterrichtsministerium viele Aufgaben, die für Frauen wichtig und für die eine Frau als Minister Bedeutung haben kann. Ich denke dabei an die Schulen, an die ganze Erziehung des neuen Geschlechtes, an die Kunst ... Wie freue ich mich gerade auf diese Wirksamkeit! Mir als alter Lehrerin wird das Schulwesen besonders am Herzen liegen. Bis hinauf zur Universität werden da Reformen nötig sein. Denn, wenn ich jetzt die Kritik meiner

> Tochter höre, so sehe ich, welche Fehler wir selbst gemacht haben und will nun trachten, nach Kräften zu verbessern, um es der heutigen kritischer gewordenen, lebhafter interessierten Jugend recht zu machen. Wenn sich auch – leider! – auf das politische Gebiet ihr Interesse noch viel zu wenig erstreckt!«

Mit kühnem Wagemut ging Nina Bang an alle diese Aufgaben heran, deren Lösung ihre ganze Kraft beanspruchte. Ihre universelle Bildung erleichterte ihr das Eindringen in die verschiedenen Gebiete, die in ihr Ressort fielen. Neben den Volksschulen, den höheren Lehranstalten, der Universität waren es auch noch die Museen und vor allem die Theater, auf die sie ihr Augenmerk richtete. Trotz aller Anfeindungen griff sie mit fester Hand in das Wespennest der Korruption, die sich nirgends so leicht einnistet, wie bei der Bühne. Und gerade das Geschrei, das die dort Gemaßregelten gegen sie erhoben, hat am meisten dazu beigetragen, ihre Wirksamkeit der breiten Öffentlichkeit vor Augen zu führen und ihr den Ruhm einer unbestechlichen Richterin zu verschaffen. »Endlich ein Mann« schrieb damals über ihre Tätigkeit ein konservatives Blatt, das an dem ganzen sozialistischen Ministerium sonst kein gutes Haar ließ.

Leider hat das Übermaß an Arbeit, das sie als Minister zu leisten hatte, ihren ohnehin nicht allzu kräftigen Körper untergraben. Besonders ihr Herz hielt den Anstrengungen nicht stand, die ihr Amt ihr auferlegte und denen sie sich mit vorbildlichem Pflichteifer unterzog. In jenen Monaten fieberhafter Arbeit holte sie sich den Keim zu der tödlichen Krankheit, der sie wenige Jahre später erliegen sollte.

Nina Bangs früher Tod war ein schwerer Schlag für ihr Heimatland, dessen Kultur sie nicht nur während ihrer ministeriellen Tätigkeit, sondern auch durch ihr früheres Wirken auf politischem und wissenschaftlichem Gebiet entscheidend beeinflusst hat.

Ihr Tod war ein schwerer Schlag für die sozialistische Partei ihres Landes, denn an der idealen Gestalt Nina Bangs prallte der giftige Hass der Bourgeoisie ab und die allzeit geschäftige Verleumdung verstummte vor ihrer reinen, makellosen Lebensführung.

Ihr Tod war aber auch ein harter Schlag für die gesamte sozialistische Internationale, an der sie mit allen Fasern hing. Während des Weltkrieges hat sie auf tausend Wegen versucht, den blockierten Deutschen zu helfen und sie war zum Beispiel untröstlich, als ihr amtlich verboten wurde, uns allwöchentlich eine kleine Ration Butter zukommen zu lassen. Bei der Stockholmer Konferenz 1917 galt ihre ganze mütterliche Fürsorge den deutschen und österreichischen Delegierten, besonders dem damals schon schwerkranken Viktor Adler. Die Härten des Versailler Vertrages empfand sie so bitter, als wären sie ihr selbst angetan. Als sie der Sitzung der deutschen sozialdemokratischen Fraktion als Gast beiwohnte, in der diese sich entschließen musste, den grausamen Vertrag zu unterzeichnen, da war sie so erschüttert, dass sie in Tränen ausbrach. Bei der ersten internationalen sozialistischen Konferenz, die nach dem Krieg in Bern stattfand, erschien selbstverständlich auch Nina Bang. Und heute noch danken ihr die zwei Delegierten der deutschen »Mehrheitler« Otto Wels und Hermann Müller für den Trost, den ihnen die Anwesenheit und die warme Anteilnahme dieser treuen Freundin in der für sie so feindseligen Atmosphäre dieses Kongresses gewährte. Denn Nina Bang war mutig und stand zu ihrer Meinung.

Einen Beweis ihrer persönlichen Tapferkeit gab sie auch, als sie von der dänischen Sozialdemokratie zur Begrüßung des Parteitages der ungarischen Genossen nach Budapest delegiert wurde. Diese warnten sie dringend vor jeder demonstrativen Kundgebung, etwa durch das Tragen von roten Blumen oder Abzeichen. Doch Nina Bang erschien geschmückt mit roten Nelken im Kongresslokal und ließ sich durch die Anwesenheit der zahlreichen Polizisten durchaus nicht abschrecken. Und ebensowenig ließ sie sich davon abhalten, die Gräber der Opfer der Horthyterrors zu besuchen, was auf die ungarischen

Genossen in ihrer schweren Bedrücktheit einen ungemein anfeuernden Eindruck machte.

So haben dieser Frau überall, wo sie auftrat, alle Herzen entgegengeschlagen, ist ihr überall, wo sie wirkte, Achtung und Verehrung entgegengebracht worden.

Auf die Einzelheiten ihrer fruchtbaren Tätigkeit einzugehen, ist in einer kurzen Skizze nicht nicht möglich. Eines aber darf nicht unerwähnt bleiben, wenn von einer deutschen Feder Nina Bangs Lebenswerk zu schildern versucht wird: Das ist ihr heißes Streben nach der Einigung der deutschen sozialistischen Partei, deren Spaltung ihr tiefen Kummer verursachte.

Nie habe ich sie fröhlicher und glücklicher gesehen, als beim Einigungskongress in Nürnberg 1922, wo sie meinen Mann und mich unter Freudentränen umarmte. Dass »der alte Kautsky« in der großen geeinten deutschen Partei wieder den gewohnten Platz einnehmen werde, das gewährte ihr die größte Genugtuung. Nannte sie sich doch mit Stolz seine Schülerin und hatte sie doch schon im Herbst 1921 durchgesetzt, dass er als erster Sozialdemokrat an der Kopenhagener Universität eine Reihe von Vorträgen über die materialistische Geschichtsauffassung halten durfte.

Diese Vorträge bildeten die Basis zu dem späteren gleichnamigen Werk meines Mannes. Als er es ihr zum Zeichen seiner dankbaren Verehrung übersandte, lag sie schon todkrank im Hospital. Die Zeilen, in denen sie ihm voll Rührung dankte und die Hoffnung aussprach, bald die Kraft zu finden, um das Buch zu studieren, war das letzte Lebenszeichen, das wir von ihr erhielten. bald die Kraft zu finden, um das Buch zu studieren, war das letzte Lebenszeichen, das wir von ihr erhielten.

Julie Bebel

(1843 – 1910)

Quelle: »Dem Andenken einer braven Frau. Zum 20. Todestage Julie Bebels«, in: ***Der Abend (Spätausgabe des Vorwärts)***, 22. November 1930, Beilage.

Julie Bebel besaß Eigenschaften, die aus ihr mehr machten, als nur die stets liebevolle, hingebende und opferwillige Gattin. Vor allem besaß sie Verständnis für die hohe Aufgabe und für die idealen Ziele, in deren Dienst ihr Mann sein Leben gestellt hatte. Nie hat Bebel unter den Klagen zu leiden gehabt, mit denen so manche Frauen unseren kämpfenden Genossen das Zuhause vergällen, wenn sie nicht einsehen wollen, dass Partei und Politik eben den ganzen Mann erfordern, soll er auf seinem Posten etwas Tüchtiges leisten. Bis ins Alter hat sie sich jene sonnige Heiterkeit bewahrt, die ihr in der Jugend eigen war und die wohl auch den vierundzwanzigjährigen Bebel bezaubert und zu ihr hingezogen hat.

Im Leipziger Arbeitergesangverein hatte er die junge, fröhliche Putzmacherin kennengelernt. Bebel erzählt, dass er, wie alle, die nicht singen können, dort ersten Bass gesungen habe. Julie aber konnte singen, denn Musik war und blieb ihre Leidenschaft. Für sie gab es nichts Höheres als Konzerte oder

Oper und oft erzählte sie mir, dass sie auch in schlimmen Tagen ihren letzten Groschen gegeben habe, um berühmte Sänger oder Sängerinnen zu hören.

Zwei Jahre musste das Brautpaar warten, ehe es den eigenen Hausstand gründen konnte. Im Jahre 1866 heirateten sie und im Januar 1869 wurde dem jungen Paar sein erstes und einziges Kind geboren, das zu einer Quelle des Glückes und des Trostes für Julie Bebel werden sollte, in den vielen einsamen und schweren Stunden, die das Schicksal für sie noch bereithielt.

Die ersten Ehejahre hatten einen harten Kampf um eine kümmerliche Existenz bedeutet. Um heiraten und sich als selbständiger Drechslermeister etablieren zu können, hatte Bebel Schulden machen müssen, eine Handlung, die seinem ordnungsliebenden Charakter sehr zuwiderlief. Das Elend der Kleinmeisterei lernte das Ehepaar gründlich kennen, um so mehr, als der junge Meister durch seine politische Tätigkeit der Berufsarbeit dauernd entzogen wurde. War er doch schon im Februar 1867 in den Reichstag gewählt worden. Erst die nach dem Krieg von 1870/71 einsetzende wirtschaftliche Prosperität machte der ärgsten finanziellen Misere ein vorläufiges Ende. Dafür aber stellten sich andere Schicksalsschläge ein. Schon 1869 hatte Bebel zum ersten Mal wegen Verbreitung staatsgefährlicher Lehren auf drei Wochen ins Gefängnis gemusst. Man muss sich vorstellen, wie dieses Ereignis auf das Gemüt des harmlosen jungen Weibes gewirkt haben mag. Diesem ersten Schrecken sollte jedoch bald ein viel heftigerer folgen.

Die Zeit der Gefängnisstrafen

Die Haltung Bebels und Wilhelm Liebknechts während des deutsch-französischen Krieges, vor allem die Tatsache, dass sich die beiden bei den Abstimmungen über die Bewilligung der Kriegskredite der Stimme enthielten, hatte den ganzen Furor Teutonicus gegen sie entflammt. Bebel schildert in seinen

Lebenserinnerungen die Szene im deutschen Reichstag, als er zu der Forderung weiterer Geldbewilligungen das Wort nahm: »Meine Rede war nicht lang, aber sie erweckte einen Sturm, wie ich ihn seitdem nie wieder mit einer Rede hervorrief ... Es regnete Unterbrechungen ... und als ich dann auf die traurige Rolle hinwies, die die deutsche Kapitalistenklasse bei der ersten Kriegsanleihe gespielt hatte und wie ganz anders die französische Bourgeoisie sich dagegen im gleichen Fall benommen habe, brach vollends der Sturm los. Ein großer Teil des Hauses hatte einen förmlichen Tobsuchtsanfall, man überschüttete uns mit Schimpfworten der gröbsten Art, Dutzende von Mitgliedern drangen mit erhobenen Fäusten auf uns ein und drohten uns hinauszuwerfen. Viele Minuten lang konnte ich nicht zum Worte kommen ...«

Der Lohn für diese Missetaten ließ nicht lange auf sich warten. Am 11. Dezember 1870 war der Reichstag geschlossen worden, am 15. Dezember hatten Bebel und Liebknecht in Leipzig in einer Massenversammlung Bericht über die Verhandlungen des Reichstages erstattet, am 16. Dezember erließ Bebel eine Erklärung im Leipziger ***Volksstaat***, in der er sich gegen die Denunziationen wehrte, durch die er und Liebknecht des Landesverrates zugunsten Frankreichs bezichtigt wurden. Am 17. Dezember stürzte Julie Bebel kreidebleich zu ihrem in seiner Werkstatt arbeitenden Mann: Ein Polizeibeamter sei in der Wohnung erschienen, der Bebel zu sprechen wünsche. Dieser wusste sofort, was das zu bedeuten habe. Er hatte seine Vorbereitungen getroffen und reinen Tisch gemacht, so dass der Beamte bei der nun folgenden Haussuchung nichts irgendwie Belastendes vorfand. Trotzdem wurde Bebel verhaftet und abgeführt. 102 Tage dauerte die quälende Untersuchungshaft, während der Julie ihren Mann nur allwöchentlich einmal im Beisein des Untersuchungsrichters sprechen durfte.

Am 3. März war er, »der Hochverräter«, trotzdem er nicht selbst anwesend sein konnte, in seinem Wahlkreis Glauchau-Meerane-Bodenstein, dieses Mal als einziger Sozialdemokrat, wieder in den Reichstag gewählt worden, der am 23. März eröffnet wurde. Da Bebel erst am 28. März 1871 aus der Untersuchungshaft entlassen wurde, konnte er nur einige Tage zu Hause verbringen und schon am 2. April sehen wir ihn wieder in Berlin, wo er bis Ende Mai ausharren und dem Kreuzfeuer der Gegner standhalten musste, mochte es ihn auch noch so sehr zu Weib und Kind ziehen und mochte sein Geschäft auch noch so dringend seiner Anwesenheit bedürfen. Dort hatte sich zwar Frau Julie als tüchtige Platzhalterin erwiesen, aber die nun schon so lange währende Trennung von ihrem Mann bedeutete doch eine harte Belastungsprobe für sie. Es sollte aber noch viel schlimmer kommen.

Für den 11. März 1872 war der Beginn der Schwurgerichtssession anberaumt, in der den drei »Hochverrätern«, August Bebel, Wilhelm Liebknecht und Adolf Hepner, dem damaligen zweiten Redakteur des Leipziger ***Volksstaat***, der Prozess gemacht wurde. Hepner wurde freigesprochen. Bebel und Liebknecht jedoch wurden der Vorbereitung zum Hochverrat schuldig befunden und jeder zu zwei Jahren Festungshaft verurteilt; zwei Monate wurden ihnen für die Untersuchungshaft angerechnet. Damals hat Julie Bebel bitterlich geweint und hat es nicht fassen können, wie ihr Mann so frivol sein konnte, zu erklären, »die Verurteilten würden mit ihren Anwälten und ihren Frauen dem Urteil zum Trotz in Auerbachs Keller eine Flasche Wein trinken gehen«. »Aber«, schreibt Bebel, »sie war tapfer und ging mit.«

Tapfer war Julie Bebel, das hat sie in diesen schlimmen Zeiten bewiesen und allgemach hat sie sich in diesem Kampf mit ungleichen Waffen, den ihr Mann führte, zu seiner tüchtigen Schildträgerin entwickelt.

Ehe Bebel die Festung Hubertusburg bezog, die er später mit der auf dem Königstein vertauschte, wurden ihm noch wegen Majestätsbeleidigung neun Monate Gefängnis aufgebrummt. Sein Rechtsanwalt Freytag, dem das Ehepaar Bebel zeitlebens große Anhänglichkeit und Dankbarkeit bewahrte, setzte bei der sächsischen Regierung durch, dass Bebel, nachdem er die Festungshaft am 14. Mai 1874 absolviert hatte, sechs Wochen pausieren durfte, ehe er seine neunmonatige Gefängnisstrafe in Zwickau antrat. Das waren Festtage für Frau Julie und sie konnte wieder Kräfte sammeln für die neuen Schicksalsschläge, die ihr bevorstanden.

Und sie stellten sich nur allzu bald ein. Kaum zwei Jahre später wurde Bebel wegen Bismarck-Beleidigung und verschiedener anderer in seinen Broschüren begangener Sünden wieder zu sechs Monaten Gefängnis verurteilt, die er teils in Plötzensee bei Berlin absolvierte, teils auf seine Bitte in Leipzig absitzen »durfte«, wo er wenigstens seine Familie nahe wusste.

Sein nun achtjähriges Töchterchen musste zum vierten Mal Weihnachten ohne den Vater feiern. Ende Mai 1878 wurde ihr Mann ihr endlich zurückgegeben.

Unter dem Sozialistengesetz

Inzwischen aber hatten sich aufs Neue dräuende Wetterwolken über der Partei und ihren Führern zusammengezogen. Die Schüsse, die Hödel und Nobiling gegen den alten Kaiser Wilhelm abfeuerten, wollte Bismarck als willkommenen Anlass benutzen, um der verhassten Sozialdemokratie den Todesstreich zu versetzen. Das sollte geschehen durch das am 21. Oktober 1878 in Kraft tretende Ausnahmegesetz gegen die Sozialdemokratische Partei – das sogenannte Sozialistengesetz.

> »Bismarck missbrauchte seinen ganzen gewaltigen Einfluss, um die Bevölkerung zum fanatischsten Hass gegen die Sozialdemokratie aufzupeitschen.«

Das gelang ihm nur zu gut in der damals herrschenden Atmosphäre.

> »Die Partei hieß im gegnerischen Lager nur mehr die Partei der Meuchelmörder, der Allesruinierer, die der Masse den Glauben an Gott, Königtum, Familie, Ehe und Eigentum raube.«

Dem Unternehmertum kam diese Hetze gerade recht.

> »Tausende und aber Tausende von Arbeitern, die als Sozialdemokraten bekannt waren, flogen auf die Straße, es entstand eine Sintflut von Denunziationen, wegen wirklicher und angeblicher Majestätsbeleidigungen, und da sich der Richter auch ein förmlicher Verfolgungsparoxysmus bemächtigt hatte, so wurden Strafen von ein, zwei, drei bis zu fünf Jahren Gefängnis – der Maximalstrafe verhängt. In zwei Monaten wurden 521 Personen zu rund 812 Jahren Gefängnis verurteilt.«

Was da die Frauen der Führer zu erdulden hatten, kann man sich vorstellen. Geschmäht und angepöbelt, wohin sie kam, trug Julie Bebel dennoch immer den Kopf hoch und ließ den Mut nicht sinken. Im Gegenteil, durch ihre Festigkeit wurde sie in diesen schweren Zeiten Helferin und Stütze für manche, die vom Sturm noch ärger mitgenommen wurden, als sie selbst. Das Schlimmste für die Frauen waren damals die Ausweisungen der Genossen. Durch sie wurden in jenen Jahren ungezählte Existenzen zugrunde gerichtet.

So wurden aus der Stadt Leipzig Bebel, Liebknecht und noch etwa dreißig Genossen ausgewiesen, als über Leipzig im Sommer 1881 der kleine Belagerungszustand verhängt wurde. Bebel und Liebknecht zogen nach Borsdorf, einem kleinen Nest unweit von Leipzig.

Frau Julie trat an die Spitze der mit ihr zurückgebliebenen Frauen, die für die mittellosen, ausgewiesenen Parteigenossen Geld sammelten. Trotz der Hindernisse, die ihr die Polizei dabei in den Weg legte, führte sie ihr Vorhaben tapfer durch. Überhaupt hatte sie in jenen Tagen der neuerlichen Trennung von ihrem Mann viel durchzumachen, denn die Behörden sparten nicht mit Haussuchungen und Schikanen aller Art. Besonders als Bebel nun auch noch in den Sächsischen Landtag gewählt wurde, ließen sie ihren ohnmächtigen Zorn darüber an Frau Julie aus.

Das Jahr 1882 brachte neue Verurteilungen für Bebel, für dessen durch die rastlose politische Tätigkeit überanstrengten Körper diese Gefängnisaufenthalte trotz mancher Härten beinahe schon zu »Ferienkuren« wurden. Am 1. November 1882 musste er in Leipzig wieder eine vier Monate währende Haft antreten, nachdem dieses Jahr in Bezug auf Prozesse ein besonders gesegnetes gewesen war. Doch alle diese mit boshaften Quälereien verbundenen Verurteilungen vermochten weder Bebels noch Frau Julie Zuversicht zu erschüttern. Diese Frau war nicht nur bei ihrem Mann in die Schule gegangen, und hatte im steten Umgang mit ihm den Enthusiasmus für den Sozialismus und den Glauben an seinen Sieg eingesogen, nein, sie hatte das richtige proletarische Empfinden schon in die Ehe mitgebracht, und der schnelle Aufstieg ihres Mannes auf der sozialen Stufenleiter hatte daran kein Jota geändert.

Und als allen Verfolgungen zum Trotz die deutsche Sozialdemokratie in den zwölf Jahren des Sozialistengesetzes an Stimmen von Wahl zu Wahl zunahm, so dass sie am 19. Februar 1890 anderthalb Millionen Wähler zählte, da ward dieser felsenfeste Glaube belohnt, da triumphierten die bisher Verachteten und Geächteten über ihre Verfolger.

Tatsächlich hatte schon die Wahl vom 27. Oktober 1881 gezeigt, dass die Wucht des Sozialistengesetzes gebrochen war, denn mit dreizehn Vertretern war damals die unbesiegbare Sozialdemokratie in den Reichstag eingezogen. Zwar war Bebel nicht darunter – er war mit etwa zweihundert Stimmen in der Minderheit geblieben – aber da er im Sächsischen Landtag gewählt war, so ward die Kontinuität seiner parlamentarischen Tätigkeit durch diese Niederlage nicht unterbrochen. Im Juni 1883 kam er dann als Vertreter Hamburgs wieder in den Reichstag, in dem er bis zu seinem Tode, im Jahre 1913, ständig seinen Sitz behielt.

Übersiedlung nach Berlin

1890 fällt das Sozialistengesetz, und von da an beginnt heller Sonnenschein, die Schatten aus Julie Bebels Leben zu verdrängen.

Die Übersiedlung der Familie nach Berlin leitet ein Periode des von nun an ungestörten Zusammenlebens ein, das nur von Bebels Agitations- oder Kongressreisen unterbrochen wird.

Bebels Stellung, schon vorher eine hochangesehene, nicht nur bei den Parteigenossen, sondern auch in allen linksgerichteten fortschrittlichen Kreisen, machten sein Haus zu einem vielbesuchten Mittelpunkt, in dem Männer von Namen, Politiker und Schriftsteller aus der ganzen Welt sich einfanden. Doch brachte dieser Umstand Frau Julie jetzt ebenso wenig aus dem Gleichgewicht, wie früher die ärgste Not und die schlimmsten Verfolgungen. Mit derselben unerschütterlichen Gemütsruhe und der gleichen unversieglichen Heiterkeit wurde sie den neuen Anforderungen gerecht, die die überragende Bedeutung ihres Mannes an sie stellten. Ihr inneres Gleichgewicht wurde durch die Ehrungen, die nun im reichen Maße neben dem Manne auch ihr zuteil wurden, nicht gestört. Sie blieb stets die einfache Frau, die nie mehr scheinen wollte, als sie war, und die sich vollkommen glücklich fühlte an der Stelle, an der sie stand. Sie war die pflichttreueste Gattin und Mutter und eine tüchtige, verständige Hausfrau, von einer Gastlichkeit, die das Haus Bebel mit freundlichem, wärmendem Glanz erfüllte.

Und dabei ging sie in diesem Beruf nicht auf, sondern verfolgte eifrig alle Vorgänge in der Partei, versuchte ihrem Mann, so wie früher im Geschäft, auch jetzt nach Kräften in der Erledigung seiner Korrespondenz zu helfen, die allgemach ins riesenhafte anwuchs. Mit Takt und Herzensgüte prüfte sie die unzähligen Anliegen, die täglich bei ihm vorgebracht wurden, war er doch in den Augen vieler der Erlöser und Retter aus allen Nöten. Und groß ist die Zahl derer, die sie an seiner statt beriet und tröstete und denen sie half, soweit es ihre Mittel erlaubten. Und das geschah nicht nur auf materiellem Gebiet, nein, diese schlichte Frau vermochte sich auch in schwere, seelische Konflikte einzufühlen und bewies in solchen Fällen oft eine ganz moderne Denkweise, die sich frei von jeder kleinlichen Spießbürgerei hielt. War diese Sinnesart ohne Zweifel einerseits eine Frucht der Lehren, die sie aus dem berühmten Buch ihres Mannes **Die Frau und der Sozialismus** und aus dem Zusammenleben mit ihm gezogen hatte, so war Julie doch andererseits eine so selbständige Natur, dass sie sich unbeeinflusst und unabhängig ihre Meinung zu bilden wusste.

Bebel hielt ungemein viel auf die Ansichten seiner Frau und erkannte ihre Ebenbürtigkeit mit freudigem Stolze an. Oft sagte er zu uns, es bedeute noch lange nichts, wenn ihn seine Genossen lobten, oder wenn ihm sogar seine Gegner widerwillig Anerkennung zollten, sein strengster Richter sitze zu Hause und der passe höllisch auf, dass ihm kein Lapsus passiere. Und oft, wenn er ganz vergnügt aus dem Reichstag nach Hause käme und sich einbilde, er habe dort seine Sache ganz besonders gut gemacht, sei ihm zu seinem Erstaunen von seiner Julie gründlich der Kopf gewaschen geworden, die an seiner Rede das und jenes und mancherlei auszusetzen hatte. Diese Selbständigkeit des Urteils verlieh ihr auch bei all ihrer Bescheidenheit eine Sicherheit des Auftretens, eine ruhige Würde.

Wir alle, die wir das Glück jahrelangen, nahen, freundlichen Verkehrs mit Julie Bebel genießen durften, brachten ihr darum nicht nur herzliche Zuneigung, sondern auch ehrlichen Respekt entgegen. Und hierzu gesellte sich das Gefühl der Dankbarkeit dafür, dass sie es war, die ihrem von uns allen geliebten und verehrten Mann stets eine behagliche Umwelt, ein glückliches Heim bereitet hatte, wo der Gehetzte von den Mühen und Plagen seiner ermüdenden Tätigkeit ausruhen, wo er die notwendige Kraft für seine Arbeit wiederfinden konnte, und wo er stets Verständnis für seine Sorgen, ein offenes Ohr für seine Klagen, ein treues Herz für Leid und Schmerzen fand.

So bleibt uns die Gestalt Julie Bebels auf immer in Erinnerung, in all ihrer Schlichtheit ein Wesen voll innerer Harmonie, und darum harmonisch wirkend auf alle, die sie kannten und liebten.

Eva Broido

(1876 – 1941)

Quelle: »Eine russische Kämpferin«, in: ***Die Frau***, 1930, Nr. 4, S. 13–14 und Nr. 5, S. 15–16.

Vor etwa zwei Jahren wurde uns Sozialisten durch das Buch **Nacht über Russland** von Wera Figner ein Erlebnis zuteil, das uns tief erschütterte und im Innersten aufwühlte. Jetzt ist es wieder eine revolutionäre Frau, Eva Broido, die uns ein Buch schenkt, betitelt **Wetterleuchten der Revolution**, das in seiner anspruchslosen Einfachheit uns fast noch mehr packt und aufrüttelt. Wera Figner und Eva Broido verkörpern zwei Typen der revolutionären Russin aus der Zarenzeit.

Hochgebildet, aus reichen Hause, in dem sie wohl geborgen ein bourgeoises Leben führen könnte, lässt Wera Figner alles im Stich, nimmt die schwersten Entbehrungen auf sich, um »ins Volk zu gehen«, dessen Leiden zu lindern, für dessen Aufklärung zu wirken, sich für dessen Freiheit zu opfern. In ihrem Buche schildert sie uns die heldenmütigen Kämpfe ihrer Gruppe, die tollkühnen Wagnisse der Verschwörer, der zahllosen Opfer, die dieser aufreibende Kampf fordert. Selbst im Kerker, in dem sie 20 lange Jahre lebendig begraben ist, kämpft sie unerschrocken und ungebrochen weiter gegen ihre Peiniger, um das Los der Gefangenen zu erleichtern.

Ganz anders Eva Broido. In bitterster Armut wächst sie auf. Aus der Tiefe des litauischen jüdischen Proletariats emporsteigend, muss sie sich mühsam und brockenweise etwas Wissen und Bildung erarbeiten.

Die Schilderung ihrer trostlosen Kindheit bildet den interessanten Auftakt zu ihrer Lebensbeschreibung. Aber schon in frühester Jugend beseelt sie eine unabhängige Energie, gepaart mit eisernem Fleiß und seltenem praktischem Sinn. Da sie viel zu arm ist, um ein Studium zu ergreifen, das Geld kostet, so wird sie schon mit 15 Jahren Apothekerlehrling, nachdem ihr hilfsbereite Kollegen das Vorstudium dazu ermöglicht haben. Sie schreibt: »In der Apotheke arbeiteten wir von morgens 9 Uhr früh bis 9 Uhr abends, manchmal sogar bis 10 oder 11 Uhr. Vom ersten Tage an betrachtete ich diese Arbeit nur als Mittel zum Zweck. Der Zweck war: lernen und wieder lernen. Aber zum Lernen blieb nur die Nacht, selten legte ich mich vor 4 Uhr früh schlafen.« Sie bekommt von Freunden Bücher, die sie heißhungrig verschlingt. Spencer und die russischen Autoren Turgenjew, Pissarew eröffnen ihr eine neue Welt.

Nach dreijähriger Lehrzeit in Dünaburg bezieht sie die Universität Kasan, um sich bis zur Prüfung als Provisorin durchzuhungern. Nach ihrem Examen wird durch die Ehe mit einem schwer nervenkranken Studenten, die die kaum Achtzehnjährige bei einem Urlaubsbesuch in Riga eingeht, ihr weiteres Studium unterbrochen. Drei schwere Jahre folgen nun für die junge Frau. Zwei Kinder kommen zur Welt, die Pflege des nervenkranken Mannes und bitterste materielle Not reiben sie fast auf. Trotz alledem entwickelt sie sich geistig rapid in dem Rigaer Milieu, wo die bisher Unpolitische zum ersten Mal erfährt, dass es politische Parteien in der Welt gibt. Und ein glücklicher Zufall führt sie, die dort auch schon ein wenig Deutsch gelernt hat – bisher konnte sie nur Litauisch, Jiddisch und Russisch – 1895 nach Berlin.

Ihr Lesehunger und ihr neugewecktes politisches Interesse führen sie in die Buchhandlung »Vorwärts«. Dort wird sie mit gutgewählter sozialistischer

Literatur versorgt. Nach der Lektüre von Bebels **Frau und der Sozialismus** kennt ihre Begeisterung keine Grenzen. Bei einem kurzen Aufenthalt in Berlin hörte sie Bebel und Liebknecht im Reichstag sprechen. Nun ist sie schon überzeugte Sozialistin und hat nur den einen glühenden Wunsch, für ihre Idee arbeiten und kämpfen zu können. Aber die beiden kleinen Kinder und der immer kranke Mann machen ihr das unmöglich. Es gilt daher, sich frei zu machen. Sie muss sich vom Manne trennen. Die beiden Töchterchen kann sie ihrer Mutter übergeben und nun ist der Weg frei. 1899 eilt sie nach Petersburg, um an die Arbeit zu gehen, die einzige, die fortan neben der zur Erhaltung ihrer Kinder notwendigen Brotarbeit ihr Leben ausfüllen wird. Denn sie, die Zweiundzwanzigjährige, hat jetzt, wie sie sagt, »mit der Jugend abgeschlossen«. Zum Glück findet sie sogleich Stellung in einer Apotheke in Petersburg, so dass für ihren und für ihrer Kinder Unterhalt gesorgt ist.

An den Kapitelüberschriften ihres Buches können wir ihren Lebensgang verfolgen. An die Schilderung ihrer Jugendjahre reihen sich die folgenden Kapitel an: »Petersburg.«, »Meine erste Bekanntschaft mit den Arbeitern.«, »Die Petersburger Arbeiterbewegung um die Jahrhundertwende.«, »Illegale Druckschriftenpropaganda.« Und dann folgt die zu jener Zeit übliche, ja unvermeidliche Fortsetzung: »Gefängnis, Verbannung«.

Beim Abtransport nach Sibirien findet Eva Broido den Lebensgefährten, mit dem sie fortan Freud und Leid, Not und Gefahr teilen wird. Da sie nur dann zusammen nach demselben Ort verschickt werden können, wenn sie gesetzlich getraut sind, so findet im Gefängnis die Trauung statt. Da kein Trauring vorhanden ist, so leiht ein Soldat schnell einen solchen bei einer gemeinen Verbrecherin und die nach jüdischem Ritus erforderlichen zehn Trauzeugen werden aus den Reihen der verbannten gemeinen Verbrecher geholt, die mit dem Geklirr ihrer Ketten die Trauungszeremonie begleiten. Diese Szene ist eine der ergreifendsten des Buches.

Und nun folgt ein Jahr der Verbannung in Irkutsk, dessen Verlauf die Verfasserin so liebevoll schildert, dass man fühlt, wie teuer ihr die Erinnerung daran ist. Sie sagt: »In Russland hieß es immer und heißt es jetzt noch, dass das Gefängnis und die Verbannung die russischen Universitäten sind. Und in der Tat, nur hier konnte man die richtige politische und revolutionäre Erziehung erhalten.« Auch über die Kameradschaftlichkeit der Verbannten schreibt sie hier in warmen Worten: »Man konnte keinem ein schlechteres Zeugnis ausstellen, als wenn man ihn einen schlechten Kameraden nannte.« Bei dieser Gelegenheit schildert sie ein Zusammentreffen mit Leo Trotzki, der damals in Wercholensk in Verbannung war und den sie auf der Reise nach ihrem endgültigen Bestimmungsort Kirensk besuchte. Dort durfte das junge Paar wieder fast ein Jahr ziemlich ruhig verbringen: Eva als Lehrerin von drei jungen Mädchen und Mark Broido als technischer Gehilfe bei dem Bau einer staatlichen Branntweinfabrik. Die beiden folgenden Kapitel heißen: »Das Gefangenenreglement wird verschärft« und »Wir werden ins kälteste Sibirien verschickt«. In ihnen schildert Eva Broido ihre schreckliche weitere Verschickung von Kirensk nach Jakutsk, die sie mit zwei ganz kleinen Kindern unter den unsäglichsten Schwierigkeiten erdulden muss. Was sie und ihre Mitverbannten auf diesem Transport von der Grausamkeit und Rohheit der Begleitmannschaften, von fürchterlichen Kälte und den Unbilden der Witterung zu leiden haben, gehört zu den erschütterndsten Abschnitten des Buches. Das nächste Kapitel behandelt eine Episode, die zu den heldenmütigsten im russischen Freiheitskampf gehört. Es ist dies der Aufstand, in dem eine Reihe von politischen Verbannten gegen eine neue, sinnlos grausame Verfügung des Generalgouverneurs im Jakutsker Distrikt protestierte, die ihre ohnehin traurige Lage noch bis zur Unerträglichkeit verschärft hätte. Etwa 30 Männer und Frauen verbarrikadierten sich in einem Wohnhaus, von wo aus sie ihre Forderungen an den Gouverneur richteten. Sie mussten natürlich unterliegen, trotzdem sie sich mit Todesverachtung verteidigten. Unter dem Namen »Der Jakutsker Prozess« ist die Schilderung dieser Revolte in die Annalen der revolutionären Geschichte eingegangen. Das Ehepaar Broido spielt darin eine hervorragende Rolle. So schwer war Mark kompromittiert, dass er sowie alle andern an dem Aufstand Beteiligten dafür zu zwölf Jahren Zwangsarbeit verurteilt wurde, denn da keiner verriet, wer die zwei dabei ums Leben gekommenen Soldaten getötet hatte, mussten alle die gleiche Strafe erleiden.

Von Anfang sinnen alle auf Flucht. Eva ist entschlossen, mit ihrem Mann zu fliehen. Wie aber dies mit den kleinen Kindern bewerkstelligen, die sie in Sibirien geboren hat? Wieder muss die Mutter, die der Tochter nach Sibirien gefolgt war, helfen und sich der Kinder annehmen. Und wirklich gelingt es, trotz unsäglicher Schwierigkeiten, erst dem Manne und dann auch Eva, mit Hilfe braver Genossen zu entkommen. In den Kapiteln »Die Flucht meines Mannes«, »Das Alexandrower Zuchthaus«, »Meine eigene Flucht«, »Über die deutsche Grenze geschmuggelt«, »Durch Europa«, berichtet sie anschaulich über die Gefahren und Strapazen dieser Flucht, deren Schilderung so dramatisch auf uns wirkt wie Abschnitte aus einem Kolportageroman oder wie ein spannender Film, der sich vor unsern Augen abrollt.

Nach ihrer Flucht sehen wir Eva Broido zunächst in Wien, wo sie im Hause des allen älteren Wiener Genossen wohlbekannt gewesenen russischen Emigranten Semjon Klatschko gastlich aufgenommen wird. Von Wien aus erzählt sie:

»Ich war erst einige Stunden im Hause Klatschkos, da wurde mitgeteilt, dass Viktor Adler mich bäte, ihn sofort in der Redaktion der ***Arbeiter-Zeitung*** zu besuchen. Meine Nerven waren bis zum Äußersten gespannt und ich konnte mich kaum beherrschen, als mich Viktor Adler über alle Einzelheiten der Ereignisse in Jakutsk auszufragen begann. Aber er war gleichfalls äußerst erregt, und ich war für ihn das erste lebendige Zeugnis der dramatischen Ereignisse, die sich am andern Ende der Welt, 10.000 Kilometer von Europa entfernt, abgespielt hatten und die trotzdem weite Kreise der Arbeiter und Revolutionäre aufs Höchste erregt hatten.

Als ich meine Erzählung beendet hatte, sprang er auf und erschüttert von dem, was er gehört hatte, und ging im Zimmer auf und ab. Dann kam er schnell auf mich zu, verbeugte sich tief vor mir, ergriff meine Hand und küsste sie. Da konnte ich mich nicht mehr beherrschen und brach in Tränen aus. Das war meine erste und einzige Begegnung mit Adler.«

Da ihr Mann nach London vorausgeeilt ist, folgt sie ihm dahin und verlebt dort einige schöne, ruhige Wochen, hoffend, sich von der körperlichen und seelischen Erschöpfung nach all den schrecklichen Erlebnissen erholen zu können. Aber als am 22. Jänner 1905 die Schüsse vor dem Winterpalast in Petersburg fallen, da gibt es kein Schwanken und Halten, das Ehepaar folgt dem Rufe der Revolution, die sich in Russland vorbereitet. Vorerst reisen sie nach Genf ins Hauptquartier der russischen Revolutionäre. Die Schilderung des dortigen Milieus ist zugleich ein lebendiges Stück Geschichte der russischen Sozialdemokratie. Vor den Trägern ihrer stolzesten Namen beugt sich die junge Genossin in Ehrfurcht. Sie lernt dort unter andern Axelrod, Wera Sassulitsch, Plechanow, Martow kennen. Auch alte Bekannte aus Sibirien trifft sie dort wieder und auch der Pope Gapon kreuzt ihren Weg. Der Aufenthalt in Genf wird für immer bestimmend für ihre parteipolitische Richtung, sie schließt sich vollkommen den Menschewiki an. Und da sie von menschewistischen Genossen hört, dass in Baku ein wichtiges und schwieriges Arbeitsfeld zu beackern sei, so reist sie kurz entschlossen mit ihrem Mann dorthin. Die Arbeit in Baku war deshalb so mühselig und aufreibend, weil sie dort eine national und konfessionell völlig zerklüftete Arbeiterklasse vorfand, die sich gegenseitig buchstäblich zerfleischte. Man muss das bei Eva Broido lesen, um einen Begriff von der Hölle zu bekommen, in die sie versetzt war. Wie nun diese tapfere Frau in Baku unter den widrigsten, für uns Europäer geradezu unvorstellbar barbarischen Verhältnissen unermüdlich agitiert, organisiert, mit Umsicht und Tatkraft überall einspringt, wo es gilt, die Arbeiter zu gewinnen, aufzuklären, weiterzubilden und zu überzeugten Sozialisten zu erziehen, wie sie immer zur Stelle ist, wenn es notwendig ist, einen Streik zu führen, bessere Arbeits- und Lohnbedingungen zu erkämpfen oder unter Lebensgefahr eine geheime Druckerei einzurichten, sie zu leiten, Flugblätter abzufassen und zu verbreiten, das erzählt sie mit so schlichten und einfachen Worten, als wären es die selbstverständlichsten Dinge der Welt. Und doch lesen sich diese Seiten förmlich wie Gesänge aus einem Heldenepos und der Leser wird tief ergriffen vor soviel Selbstlosigkeit und Opfermut.

Nach sieben heißen Monaten ist Eva Broido am Ende ihrer Kraft. Der grauenvolle Anblick der von den Tataren an den Armeniern verübten grausamen Metzeleien, deren ohnmächtige, hilflose Zeugin sie sein musste, haben ihre Widerstandskraft gebrochen. Mit völlig erschöpften Nerven verlässt sie Baku.

Ende des Jahres 1905 sehen wir sie wieder in Petersburg. Das Kapitel »Das Sturmjahr 1905 und seine Folgen« gibt eine anschauliche Darstellung der damaligen Zustände in Russland, des Kampfes der beiden russischen sozialistischen Parteien wegen der Beteiligung an den Wahlen zur Duma und Evas eigener Parteitätigkeit. Sie ist nun eine anerkannte Führerin, die unablässig mit den Bolschewiki die Klingen kreuzt. Sinowjew und Lenin traten ihr entgegen und lebendig schildert sie die heftigen Parteidiskussionen. Aber trotz aller Versprechungen des Zaren, trotz seines Manifestes und trotz der Duma wuchsen die Bäume der Freiheit in Russland noch nicht in den Himmel.

1913 wieder einmal verhaftet, wird sie zwar durch Amnestie befreit, 1915 aber wegen »Agitation gegen den Krieg« wieder gefasst. Zuerst mit vier Monaten Einzelhaft bestraft, wird sie im Anschluss daran aufs Neue nach Sibirien verschickt. Dieses Mal darf sie ihre beiden jüngeren Kinder mitnehmen und hat das Glück, in den Kreis Minussinsk, einen der schönsten Teile Sibiriens, verschickt zu werden. In dem Kapitel »Wieder in Sibirien« schildert sie sehr schön und liebenswürdig die Reise dorthin, die Verhältnisse und das Leben in Sibirien. In Minussinsk trifft sie den Genossen Dan, der ihr aus seiner reichen Erfahrung als Verbannter Ratschläge für ihr Verhalten gibt. Mit dem Kapitel »Die Stunde der Befreiung 1917« schließt das Buch Eva Broidos. Durch die Revolution befreit, kehrt sie nach Petersburg zurück, wo ihres Bleibens freilich nicht lange ist.

Dem Eindruck der Wahrhaftigkeit und historischer Treue, dem Idealismus dieses Werkes konnten sich selbst die Bolschewiki nicht entziehen. Sie haben das Buch, wie Alexander Stein in seiner instruktiven Vorrede dazu sagt, in russischer Sprache in einem offiziellen Sowjetverlag in Moskau erscheinen lassen mit einem empfehlenden Vorwort eines kommunistischen Historikers.

Was sie aber nicht hinderte, die Verfasserin ins Gefängnis zu stecken, als sie wieder russischen Boden betrat. Erfüllt von fanatischem Verfolgungswahn, lassen sie sie noch heute darin schmachten. So belohnt das jetzige Russland seine alten Freiheitskämpfer. Dieser Tatsache gegenüber erübrigt sich jedes weitere Wort, sie spricht für sich selbst.

Eva Broidos Buch, das, wie Alexander Stein richtig bemerkt, neben Wera Figners **Nacht über Russland** wohl das beste Erinnerungsbuch einer russischen Sozialistin ist, sollten alle unsere Arbeiter, sollten die Arbeiter der ganzen Welt mit Andacht lesen.

Für mich persönlich war dieses Buch insofern eine große Überraschung, als ich in meinem mehr als zehnjährigen, engen, freundschaftlichen Verkehr mit Eva Broido nie auch nur eine Ahnung davon hatte, wie schwer ihr Lebensweg gewesen und wie hart die Schule der Revolution, durch die sie gegangen war. Wohl kannte ich sie als tapfere Kämpferin und aufrechte Revolutionärin, aber dass eine solche Heldin in der schlichten, bescheidenen Frau steckte, erfuhr ich erst aus dem Buche.

Um so ehrfurchtsvoller beuge ich mich vor ihr und werden sich alle die vor ihr beugen, die dieses in seiner anspruchslosen Einfachheit doppelt ergreifende Erinnerungsbuch lesen.

Helene »Lenchen« Demuth

(1820 – 1890)

Quelle: »Lenchen Demut«, in: ***Frauenrecht***, 5. Jg. (1933), Nr. 4, S. 2–4.

Unter den Wesen, welche verdienten, von Karl Marx geliebt zu werden, nennt sein Schwiegersohn Paul Lafargue neben Frau Marx, den Töchtern und Friedrich Engels, auch noch Helene. Wer war diese Helene? Lassen wir uns von Tussy Marx darüber belehren.

> »Als kleines Kind von 8 bis 9 Jahren (also etwa im Jahre 1832) kam Helene Demuth, die fortan nur Lenchen hieß, zu meiner Großmutter, der Frau von Westphalen und sie wuchs mit Mohr (Karl Marx), Mütterchen und Edgar von Westphalen. Sie hing mit großer Zärtlichkeit an den alten Westphalen.«

Als die junge Frau Marx schwanger war und in Paris wohl an großem Heimweh litt, hatte ihr die Mutter das Lenchen geschickt, »als das Beste, was sie ihr schicken könnte«, wie sie schrieb »das treue liebe Lenchen«. »Und das treue liebe Lenchen blieb bei meinen Eltern« schreibt Tussy Marx an Wilhelm Liebknecht und fügt hinzu, »wenn Du über Mohr und unser Mütterchen schreibst, dann vergiss ja Lenchen nicht. Lenchen war gewissermaßen die Achse, um welche alles in Hause sich drehte. Die beste, treueste Freundin. Vergiss also nicht Helene, wenn Du über Mohr schreibst!« Und als Liebknecht im Sommer

1896 seine alte Freundin Laura Lafargue, die zweite Tochter von Marx, in Draveil aufsuchte und mit ihr in Londoner Erinnerungen schwelgend von seiner Absicht sprach, ein Gedenkbuch über Marx zu schreiben, da sagte auch Laura ebenso wie Tussy, »dass Du mir das Lenchen nicht vergisst«.

Nun, Liebknecht hat das Lenchen nicht vergessen und hat ihr in seinem Erinnerungsbuch ein schönes Denkmal gesetzt. Als er das Lenchen kennenlernte, war sie siebenundzwanzig Jahre alt, hübsch, wenn auch keine Schönheit, gut gewachsen und mit anmutigen, sympathischen Zügen. Es fehlte ihr nicht an Verehrern und sie hätte wiederholt gute Partien machen können, allein, sie hielt es für selbstverständlich, dass sie bei den geliebten Marxens bleibe. Und so blieb sie, blieb unter Not und Entbehrung, blieb im Glück und im Unglück, hatte sie doch ihr Schicksal an das der Familie Marx geknüpft und war sie doch im Laufe der vielen Jahrzehnte ganz mit ihr verwachsen. Lenchen verstand alles. Sie kochte, besorgte das Hauswesen, kleidete die Kinder an und schnitt die Kleider zu, die sie dann mit Frau Marx nähte. Ihrer Sparsamkeit, ihrem Geschick, ihrem Ordnungssinn war es zu verdanken, dass die Familie wenigstens das Allernotwendigste nie zu entbehren hatte. War Frau Marx krank, was häufig der Fall war, so vertrat sie dieser alte Hausgeist, den die Kinder fast wie eine zweite Mutter liebten. Auch der Herr des Hauses fügte sich in äußeren Dingen ihrer Diktatur. Sie kannte ihn mit seinen Schwächen und Launen und ging, auch wenn er stürmte und wetterte, in die »Höhle des Löwen«. Marx spielte öfters Schach mit ihr und verlor. Er spielte nämlich mitunter sehr gerne Schach aber nicht sehr gut. Liebknecht erzählt, wie er einmal in später Nacht mit ihm Schach gespielt hätte. Marx gewann, jubelte, wurde sehr aufgeräumt und Lenchen musste Essen und Trinken bereitstellen, von dem die beiden Spieler hastig sich bedienten, alles über dem Spiel vergessend. Mitternacht war's und Marx wurde mattgesetzt. Da wollte er durchaus Revanche. Plötzlich erschien Lenchen und erklärte kategorisch: »Jetzt wird Schluss gemacht«. Und beide Männer fügten sich widerspruchslos. Am nächsten Morgen erschien Lenchen bei Liebknecht mit der heimlichen Botschaft von Frau Marx, dass er am Abend mit Mohr nie mehr Schach spielen dürfe. Denn wenn dieser verliere, sei er »unausstehlich«. Zu solchen diplomatischen Missionen ward Lenchen oft ausersehen. Wie manchmal musste sie nicht den Weg ins Leihhaus machen, wenn wieder einmal kein Penny im Haus war! Und alles tat sie mit Freuden. Stets heiter, stets hilfsbereit, stets lächelnd, war sie im besten, im edelsten Sinn das Mädchen für alles geworden oder wie Tussy es so schön sagt, »die Seele des Hauses«. Dass Lenchen sich im Laufe der langen Jahre dem Ton des Hauses Marx vollständig angepasst hatte, braucht nicht erst versichert zu werden. War sie doch eine Gleiche unter Gleichen, und da sie auch ungefähr aus derselben Gegend Deutschlands stammte, – sie war aus St.Wendel bei Trier – wurde sie auch in der Fremde wohl noch durch ein gewisses Heimatgefühl doppelt innig an die Familie Marx gebunden. Und dabei war sie von der gleichen, heiteren, sonnigen Gemütsart wie diese und besaß dieselbe Steifnackigkeit, die sich nicht unterkriegen ließ. Und wie vergnügt und fröhlich die ganze Bande sein konnte, das schildert wieder Liebknecht in seinen Erinnerungen, wenn er einen der Sonntagsausflüge nach Hampstead Heath (die Heide von Hampstead) beschreibt. Schon die ganze Woche sprachen die Kinder davon und auch die Woche sprachen die Kinder davon und auch die Alten freuten sich darauf. Gegen 11 Uhr wurde aufgebrochen. Die Marschordnung wurde meist so eingehalten, dass Liebknecht mit den Marxschen Kindern voranging, dann folgten einige Freunde, dann das Ehepaar Marx mit irgendeinem Sonntagsbesuch und den Schluss bildete das Lenchen mit dem riesigen Proviantkorb und irgendein kräftiger Gast, der ihr beim Tragen half. Noch in der Erinnerung schwelgt Liebknecht in den Genüssen, die dieser Korb barg, und mit Rührung spricht er von Lenchen, das ein so gutes Herz für ihn, den ausgehungerten Zwanzigjährigen, mit dem ach so guten Magen hatte. Dieser Handkorb, dessen Form in London Aufsehen erregte, stammte noch von Trier her und wurde wie ein Heiligtum für die Sonntagsausflüge verwahrt. Auf dem Rückweg vom Ausflug hingen sich die müden Kinder an das Lenchen, das nun von keinem Korb mehr beschwert, tapfer ausschritt und durch ihr fröhliches Singen die Kinder wieder ermunterte.

Beiläufig, Wilhelm Liebknecht hat sich die Vorliebe für solche Sonntagsausflüge bis in sein spätes Alter bewahrt. Oft und oft sind mein Mann und ich mit ihm, seiner Frau und seinen Jungen an Sonntagen in den Grunewald gezogen und der bald siebzigjährige Liebknecht verstand es, mit den Kautskyschen Buben ebenso anregend zu plaudern und so heiter und vergnügt zu sein wie seinerzeit der etwa Zwanzigjährige mit den Marxschen Töchtern.

Mein Mann hat das Lenchen zuerst bei seinen Besuchen bei Marx kennengelernt. Sie war inzwischen von Marx' kleinem Enkel Johnny Longuet in »Nimmy« umbenannt worden und dieser lustige Name wurde von der Familie und dann auch von Engels akzeptiert, bei dem Lenchen ihre letzten Lebensjahre verbrachte. Auch mein Mann konnte sich davon überzeugen, welch angesehene Stellung sie im Hause Marx, sondern auch Marx selbst in ihr die Freundin und nicht die Dienerin sahen, die sich nicht bloß um Waschen, Kochen und Flicken bekümmerte, sondern die mit so großer Intelligenz begabt war, dass sie an dem Geistesleben im Hause regen Anteil nahm. Nicht nur in wirtschaftlichen und familiären Dingen, sondern auch in politischen konnte sie mitreden.

Zum Glück war es ihr beschieden, nach den vielen bösen Jahren, die sie, wie Frau Marx schreibt »in Sturm und Wetter mit uns gesegelt«, auch noch schönere zu erleben. Schon 1870 war Engels von Manchester nach London übersiedelt und die materiellen Verhältnisse im Hause Marx hatten sich soweit gebessert, dass wenn auch noch nicht von Wohlstand die Rede sein konnte, dennoch im Vergleich zu früher eine gewisse Bewegungsfreiheit herrschte. Leider war die

Gesundheit von Marx durch die Entbehrungen, durch ungesunde Lebensweise, vor allem aber aber durch Nachtarbeit und geistige Überanstrengung so erschüttert, dass das gute Lenchen häufig die Krankenpflegerin spielen musste. Im Jahre 1880 fing auch Frau Marx ernstlich zu kränkeln an und bald stellte sich heraus, dass sie ein Krebsleiden hatte, das unheilbar war und im Dezember 1881 zum Tode führte.

Nun war Lenchen erst recht wieder eine Stütze für Marx, dessen Kraft nach dem Tode seiner Frau sichtlich dahinschwand. Und so wie sie am Krankenbett ihrer geliebten Frau bis zuletzt gewaltet hat, so hat sie auch Karl Marx bis zu seinem letzten Atemzug gehegt und gepflegt und umsorgt. Am 14. März 1883 starb er.

Noch siebeneinhalb Jahre überlebte ihn Lenchen und es waren ruhige, friedliche, sorglose Jahre, wenn auch nicht etwa solche des Müßigganges. Denn die Hände in den Schoß zu legen, das hätte die gute »Nimmy« nicht ausgehalten. Bald nach Marx' Tode übernahm sie, die nun Sechzigjährige, die Führung des Haushaltes Friedrich Engels, wo sie wie eine Freundin von ihm willkommen geheißen, geachtet und geliebt von allen Freunden des Hauses, ihr Leben beschloss. Auch mein Mann hat dort viele Jahre freundschaftlich mit ihr verkehrt.

Auf dem Friedhof zu Highgate ist sie in demselben Grab zur Ruhe bestattet worden, in dem auch Karl und Jenny Marx und ihr kleiner Enkel Heinrich Longuet beerdigt sind.

Er war die ausdrückliche Bestimmung des Ehepaares Marx gewesen, dass ihre treue Helene Demuth im Familiengrab ihre letzte Ruhestätte finden sollte und Friedrich Engels, an Treue ihr gleich, hat umso lieber diese Pflicht erfüllt, als sie seinem eigenen Wunsch vollkommen entsprach.

Fruma Frumkina

(1873 - 1907)

Quelle: »Zwei Märtyrerinnen im russischen Freiheitskampf«, in: ***Die Gleichheit. Zeitschrift für die Interessen der Arbeiterinnen***, 18. Jg. (1908), Nr. 4., 17. Februar 1908, S. 30.

Unter dem Titel »Zaristische Verbrechen« bringt die letzte Nummer der in Paris erscheinenden ***Tribune Russe*** (Russische Tribüne) die Nachricht von dem Tod durch Henkershand, den erst jüngst wieder zwei tapfere Kämpferinnen als Opfer des Zarismus erlitten. ***Tribune Russe*** ist das Organ jener russischen Partei, die sich zum Unterschied von den Sozialdemokraten als die »Partei der revolutionären Sozialisten« bezeichnet. Sie legt für den Freiheitskampf in Russland dem organisierten Terror, der Einzelaktion eine sehr große Bedeutung bei, während die russische Sozialdemokratie nur von der Massenaktion der aufgeklärten und organisierten werktätigen Bevölkerung eine endgültige Beseitigung der heutigen Zustände erhofft. Nicht aus moralischen Gründen heraus, sondern aus geschichtlicher Erkenntnis vermag die Sozialdemokratie den Terror nicht gutzuheißen. Die vereinzelte Tat gegen einzelne Personen wird niemals imstande sein, ein ganzes System zu ändern – das vermag nur der feste, planmäßig organisierte Kampf der Massen. Aber stehen die revolutionären Sozialisten auch nicht auf dem Boden der sozialdemokratischen Auffassung, so müssen wir dennoch den Heldenmut bewundern, mit dem die Männer und Frauen sich der heiligen Sache der Revolution hingeben, so muss uns die Aufopferung mit Begeisterung erfüllen, mit der sie dafür zu leben und zu sterben wissen. Historische Tatsache ist außerdem, dass jede reaktionäre Periode aufs Neue terroristische Taten zeitigt nach der alten Regel, dass Druck Gegendruck erzeugt. Der rote Terror vonseiten Beherrschter ist stets die Frucht des weißen Terrors vonseiten der Herrschenden. Wir Sozialdemokraten dürfen daher an diesen Attentaten nicht achtlos oder gleichgültig vorübergehen.

Als Opfer ihrer selbstlosen Hingebung an den Freiheitskampf in Russland fiel neuerdings zuerst Fruma Frumkina. Sie hatte den General Reinbot, Gouverneur von Moskau leicht verwundet und wurde dafür zum Tode verurteilt und hingerichtet. Fruma Frumkina gehörte bis 1901 dem »Bund«[1] an. Von 1903 bis zu ihrem tragischen Tod war sie Mitglied der Partei revolutionärer Sozialisten. 1904 wegen ihrer sozialistischen Propaganda eingekerkert, versuchte sie, den berüchtigten General Novitsky, den Chef der politischen Gendarmerie, im Gefängnis von Kiew zu ermorden. Dafür ward sie zu elf Jahren Zwangsarbeit verurteilt. Die aus dem Zuchthaus an ihre politischen Freunde geschriebenen Briefe wurden seinerzeit von der ***Tribune Russe*** und der ***Russie Révolutionaire*** veröffentlicht und machten ungeheures Aufsehen. Vor Gericht gab Fruma Frumkina eine Erklärung ab, aus der wir folgenden Passus zitieren.

»Ich habe den ungeheuren Jammer, der uns umgibt, nicht aus Büchern und Broschüren kennengelernt, sondern aus dem Leben selbst. Ich habe ein Jahr lang als Näherin in einer Schneiderwerkstatt gearbeitet, dann wurde ich Kran kenpflegerin und arbeitete als solche in Gebäranstalten, wo man Mutter und Neugeborene pflegt, um sie dann auf die Straße zu stoßen, und wo mich eine

1 Der »Bund« ist die Organisation der jüdischen Sozialisten Polens und Russlands.

> Mutter verfluchte, weil ich ihr Kind gerettet hatte, denn die kapitalistische Ordnung erlaubt diesen Frauen nicht, Mutter zu sein. Drei Jahre habe ich dann in Łodz verlebt, wo ich als Hebamme die Nächte in den Kellerwohnungen oder in den Mansardenstübchen inmitten der ärmsten Proletarier verbrachte. Ich war ›in den Tiefen des Lebens‹, um mit Maxim Gorki zu reden. Ich kann nicht erzählen., was ich da alles sah ... ich kann bloß sagen, wenn etwas mich rettete, so war es das erhabene Ideal des Sozialismus. Mein Wunsch, nur der Verbreitung dieses Ideals zu leben, wuchs immer mehr. Aber ich lernte begreifen, dass die unmittelbare Aufgabe die Abschaffung des Absolutismus war. Man muss unser großes Volk von der Fessel der Autokratie befreien, dann erst kann man entschlossen der sozialen Revolution entgegengehen. ... Das ganze Land erwartet mit Ungeduld und Begeisterung die nahende Stunde der Befreiung. ... Wir, die Revolutionäre, wir sprechen die Wünsche des Volkes aus, und unser Sieg ist gewiss. Unsere Pflicht ist es, die Regierung in jeder Form anzugreifen, bis sie sich ergibt. ...«

Bei der Verkündigung des Urteils zu elf Jahren Zuchthaus sprach die revolutionäre Kämpferin diese stolzen Worte:

> »Meine Herren Richter, ich sage euch, was unser Dramatiker Ostrowsky irgendwo sagt: Verurteilt mich nur, ihr ungerechten Richter! Ich verachte euren Urteilsspruch im Voraus! Russland wird mich anders beurteilen, und nur an seinem Urteilsspruch ist mir gelegen! Und mein letzter Ruf wird sein: Nieder mit dem Absolutismus! Es lebe die politische Freiheit und der Sozialismus, es lebe unsere Partei, die revolutionären Sozialisten!«

Fruma Fumkina gelang es, aus dem Zuchthaus zu entfliehen. Sie kam nach Moskau, nahm aufs Neue an der Bewegung teil und wurde abermals festgenommen. Im Moskauer Gefängnis unternahm sie ein Attentat auf den General Reinbot. Dieses Mal schoss sie aus einem Revolver und verfehlte wieder das Ziel. Aber dieses Mal entging sie dem Tode nicht. Ruhig hörte sie ihr Todesur-

teil an. Und unerschrocken bestieg sie das Schafott, so dass sie selbst ihren Henkern Bewunderung durch die Schlichtheit und den Mut einflößte, mit dem sie starb.

Emma Ihrer

(1857 - 1911)

Quelle: »Emma Ihrer †«, in: ***Correspondenzblatt der Generalkommission der Gewerkschaften Deutschlands***, 21. Jg. (1911), Nr. 2, 14. Januar 1911, S. 20–21.

Die deutsche Arbeiterbewegung hat wiederum den Verlust einer ihrer unermüdlichsten Kämpfer zu beklagen. Am 8. Januar ist die Genossin Emma Ihrer nach längerem Leiden im Alter von 54 Jahren gestorben.

Geboren in Glatz in Schlesien am 3. Januar 1857, kam sie Anfang der achtziger Jahre nach Berlin, wo sie sich bald der damals kleinen Zahl mutiger Frauen anschloss, die unter dem Sozialistengesetze in der verfolgten sozialdemokratischen Bewegung zu kämpfen wagten. Stellte schon das öffentliche Eintreten für die sozialdemokratischen Ziele und Forderungen zu jener Zeit die größten Anforderungen an die Überzeugungstreue und den persönlichen Mut jedes einzelnen, so war der Kampf für die Rechte der Arbeiterinnen noch darüber hinaus mit besonderen Schwierigkeiten verknüpft, die freudigste Opferwilligkeit und Hingabe für die große Sache vermochten. Wohl bestand theoretisch auf Grund des § 152 der Gewerbeordnung das Koalitionsrecht auch für die gewerblichen Arbeiterinnen, – praktisch wurde es durch die Handhabung des Sozialistengesetzes den Arbeitern beiderlei Geschlechts illusorisch gemacht –, aber politisch war in Deutschland die Frau ohne jegliches Recht. Das preußische Recht beispielsweise verbot den Frauen jede politische Betätigung, sie konnten sich nicht zu politischen Zwecken vereinigen, und es fehlte ihnen sogar die Möglichkeit, an politischen Vereinsversammlungen überhaupt teilzunehmen.

Unter solchen Verhältnissen war schon die bürgerliche Emanzipation der Frau schwer – die sozialdemokratische Aufklärung der Arbeiterin aber nahezu unmöglich gemacht. Unsere verstorbene Genossin fand trotzdem gerade in diesem Kampf ihr rechtes Lebenselement. Mit nüchternem Blick erfasste sie bald das, worauf es zunächst ankam: die Erweckung des Solidaritätsempfindens im Herzen der Arbeiterinnen. Mit gleichgesinnten Frauen ging sie 1885 an die Gründung des »Vereins zur Vertretung der Interessen der Arbeiterinnen« in Berlin, der sich wirtschaftliche Ziele steckte. Aber schon ein Jahr später wurde der Verein als »politisch« polizeilich geschlossen und sein Vorstand unter Anklage gestellt, die zur Verurteilung mehrerer Vorstandsmitglieder, darunter auch der Genossin Ihrer, führte. Andere Formen mussten gefunden werden, sie wurden gefunden und Emma Ihrer gehörte bis an ihr Lebensende zu denen, die auf dem Gebiete der politischen Erziehung der Arbeiterinnen im Vordertreffen standen.

Ihr wertvolles Wirken liegt aber auf gewerkschaftlichem Gebiete. In die Ende der achtziger Jahre einsetzende Agitation für den gewerkschaftlichen Zusammenschluss der deutschen Arbeiterklasse griff Emma Ihrer mit großer Verve ein. Als 1890 die Berliner Konferenz die Einsetzung der Generalkommission der Gewerkschaften Deutschlands beschloss, wurde Frau Ihrer in die Kommission gewählt, der sie bis zum Halberstädter Gewerkschaftskongress angehörte. Sie hat gewerkschaftlich stets die gemeinsame Organisation beider Geschlechter vertreten, und wenn die deutschen Gewerkschaften in dieser

Hinsicht vorbildlich für die Gewerkschaften des Auslandes geworden sind, so hat Emma Ihrer daran ihren redlichen Anteil.

In der gewerkschaftlichen Agitation hat sie eine mühevolle Arbeit geleistet. Zahllos sind die Versammlungen, die sie in allen Teilen Deutschlands im Laufe der Jahre abgehalten hat. Sie war eine sehr wirkungsvolle Rednerin, die die Phrase durchaus verschmähte, die aber zum Verstande und zum Herzen ihrer Zuhörer sprach. In den Bezirken Schlesiens und Sachsens mit einer großen weiblichen Arbeiterbevölkerung, wo sie viele Versammlungen abgehalten hat, hat sie unseren Organisationen viele Mitglieder zugeführt. Insbesondere verliert auch der von ihr geleitete Verband der Blumen-, Feder- und Blätterarbeiter in ihr seine beste und eifrigste Agitatorin.

Publizistisch ist Emma Ihrer wirkungsvoll hervorgetreten. Sie gründete 1890 ***Die Arbeiterin***, die Vorläuferin der ***Gleichheit***. Ihre Broschüre **Die Arbeiterinnen im Klassenkampf** bildete lange Zeit eine wertvolle Unterlage der gewerkschaftlichen Agitation unter den Arbeiterinnen. In zahlreichen Flugblättern und Zeitungsartikeln hat sie immer wieder die gewerkschaftliche Organisierung der Arbeiterschaft propagiert. Im Kampfe gegen die Heimarbeit hat sie stets an erster Stelle mitgefochten und wertvolle publizistische Beiträge hat sie auf diesem Gebiete in verschiedenen Blättern veröffentlicht. Auch in unserem ***Correspondenzblatt*** war sie stets geschätzte Mitarbeiterin. Selbst redigierte sie seit Jahren das Verbandsorgan ***Der Blumen-Arbeiter***.

Die Gründung des »Gewerkschaftlichen Arbeiterinnenkommitees«, dessen Vorsitzende sie war, ist im wesentlichen ihrer Initiative zu verdanken. Auch in diesem Kommitee hat sie für die gewerkschaftliche Organisierung der Arbeiterinnen durch Sammlung von Material und Heranbildung jüngerer Kräfte für die Agitation eine gute Arbeit geleistet. In der »Zentralstelle für die arbeitende Jugend« vertrat sie ebenfalls die Gewerkschaften.

Emma Ihrers Tod wird in der deutschen Arbeiterbewegung allgemein schmerzlich empfunden werden. Die Gewerkschaften insbesondere wissen, dass sie in ihr eine Kraft verloren haben, die seit Beginn der neueren Gewerkschaftsbewegung erfolgreich für sie gewirkt hat.

Anna Ingermann

(1868 – 1931)

Quelle: »Tod einer hervoragenden russischen Genossin«, in: ***Sozialärztliche Rundschau***, 2. Jg., Nr. 6, 1. Juli 1931, S. 106–107.

Ende Mai starb im Poliklinik-Hospital in New York Genossin Dr. med. Anna Ingermann nach einer schweren Operation.

Mit ihr ist eine der ältesten russischen Sozialdemokratinnen, eines der eifrigsten Mitglieder der »Sozialistischen Partei der Vereinigten Staaten von Amerika« und eine der begabtesten Frauen der Internationale aus dem Leben geschieden. Anna Semjonowna Amitin, so hieß sie mit ihrem Mädchennamen, war schon als Gymnasiastin der sozialistischen Ideenwelt nähergetreten.

Zur Vollendung ihrer medizinischen Studien ging sie in die Schweiz und dort trat sie – einer der ersten Schülerrinnen der Begründer der russischen Sozialdemokratie Axelrod, Plechanow und Wera Sassulitsch – der Gruppe »Befreiung der Arbeit« bei, der sie ihr Leben lang unverbrüchliche Treue bewahrte.

Dort schloss sie ihren Lebensbund mit Sergius Ingermann, einem Studienkollegen, der ebenfalls der russischen Sozialdemokratie angehörte.

Mit ihm ging die 22-jährige nach vollendetem medizinischem Studium und nachdem sie in Bern ihren Doktor gemacht, nach New York, wo die beiden hoffen, ihrem sozialistischen Ideal besser dienen zu können als in Russland, das 1890 noch unter der Knute des Zarismus schmachtete.

Beide hatten schon in der Schweiz aktiv an der Bewegung teilgenommen und besonders Anna war in lebhaften Verkehr mit den Mitarbeitern des deutschen ***Sozialdemokrat*** getreten und hat die Freundschaft mit ihnen bis zu ihrem Tod aufrecht erhalten.

In New York betätigte sich die lebhafte, geistsprühende Frau zuerst in den deutschen sozialistischen Vereinen, später in der amerikanischen Parteibewegung. Sie war eine ausgezeichnete Propagandistin, hochgebildet, furchtlos, ja draufgängerisch. 1905 trieb es sie nach Russland, denn so international sie auch war, im Herzen war und blieb sie Russin. Dem kurzen Revolutionsfrühling von 1905/06 folgte wieder die Erstarkung der Reaktion und Anna Ingermann kehrte nach New York zurück, enttäuscht, aber nicht entmutigt.

Sie arbeitete unverdrossen weiter, nicht nur beruflich als Ärztin und hilfreiche Beraterin der leidenden Menschheit in ihren leiblichen Nöten, sondern auch als Helferin in seelischen Wirrnissen und als Künderin des neuen Evangeliums des Sozialismus. 1917 eilte sie neuerdings nach Russland, musste aber mit tiefem Schmerz erleben, dass die Revolution ganz andere Ergebnisse zeitigte, als die alte Sozialdemokratin sich erträumt hatte. Sie, die ihren Lehrmeistern von einst treu geblieben, konnte die Wege Lenins und seiner Nachfahren nicht gehen. Wieder kehrte sie nach New York zurück und arbeitete in gewohnter Weise weiter, ärztlich und propagandistisch. Dabei hatte ihre Agitation einen neuen Inhalt bekommen.

Sie nahm dem Bolschewismus gegenüber eine unversöhnliche Stellung ein und führte in ihrer Wahlheimat einen erbitterten Kampf gegen dessen verderbliche Spaltungstendenzen und für die Durchsetzung der Demokratie. Noch im vorigen Sommer durchreiste sie mit ihrem Mann ganz Europa, um die Lage unserer Partei allerorten zu studieren. Heuer hätte sie als Delegierte ihrer Frauensektion zum Internationalen Kongress kommen sollen. Ihr Tod hat das Wiedersehen mit allen ihren alten Genossen vereitelt. Vorzeitig wurde die kraftvolle, tapfere Kämpferin abberufen und uns, ihren Freunden, bleibt nur der Schmerz um die allzu früh aus dem Leben gerissene, das sie so sehr liebte.

Minna Kautsky

(1837 – 1912)

Quelle: »Begegnungen«, in: ***Das Jahr. Das Arbeiterjahrbuch***, 58 (1929), S. 41–56.

Im Sommer 1880 wurden meine beiden jüngeren Brüder zur Erholung ins Kamptal geschickt. Dort machten sie die Bekanntschaft eines Brüderpaares Kutschera, von denen der eine, Viktor, als Schauspieler es zu einem Namen gebracht hat und als Mitglied des Deutschen Volkstheaters den Wienern gut bekannt ist. Viktor Kutschera wurde bald ein gern gesehener Gast in meinem Vaterhaus, und da er unzertrennlich von seinem Herzensfreund, dem damaligen Konservatoristen und späteren Maler Hans Kautsky, war, so wurden beide im Laufe des Winters 1880/81 zu ständigen Besuchern in unserm gastfreien Haus auf der Wieden.

Mein älterer Bruder und ich schlossen enge Freundschaft mit den beiden fast gleichaltrigen jungen Leuten, die bis zum heutigen Tage noch fortbesteht. Hans Kautskys Mutter, die in Wiener Schriftstellerkreisen angesehene sozialistische Romanschriftstellerin Minna Kautsky – sie stand jahrelang an der Spitze der »Vereinigung der Wiener Schriftstellerinnen und Künstlerinnen« – begann sich für den neuen Freundeskreis ihres jüngsten Sohnes zu interessieren, und da sie an meinem Bruder und mir Gefallen fand, entstand ein wechselseitiger Verkehr zwischen den beiden Häusern Kautsky und Ronsperger – dies mein Mädchenname. Die Begegnung mit Minna Kautsky sollte von entscheidendem Einfluss auf mein künftiges Leben werden.

Trotz ihrer 44 Jahre war sie eine schöne, jugendlich lebhafte, energische Frau, die mich von allem Anfang an völlig gefangen nahm. Es war eine neue Welt, in die sie mich einführte oder besser gesagt, zu der sie mir weit die Tore öffnete. Denn durch einen Spalt hatte ich in sie schon immer sehnsüchtig hineingeblickt, in diese Welt des Schönen, der Kunst, der Literatur, der Wissenschaft, der Freiheit. Zeitig schon war in mir der Sinn für Lesen und Lernen geweckt worden. Mein Großvater, der bis ins späte Alter Lehrer von Beruf und mit ganzer Seele gewesen war, hatte an mir stets eine dankbare und lernbegierige Schülerin gefunden, die aus der Schale seiner Weisheit mit durstigen Zügen trank. Als er 84-jährig starb, war ich wohl erst 10 Jahre alt, aber die Vorliebe, ja Leidenschaft für Bücher hatte er mir unausrottbar eingeimpft: es war ein empfänglicher Boden, den Minna Kautsky vorfand, als ich mich mit der ganzen enthusiastischen Bewunderung meiner 16 Jahre an sie anschloss. Sie verstand es, meinem geistigen Hunger gesunde Nahrung zu verschaffen, den Sinn für alles Gute und Schöne in mir zu stärken und vor allem mein stark ausgeprägtes soziales Interesse kräftig zu fördern.

Sie nahm mich nicht nur zu künstlerischen Veranstaltungen aller Art mit, sondern sie war es auch, die mich zuerst in die Versammlungen unserer Partei führte und mir dadurch den Sinn für das politische Leben erschloss.

Ich wurde rasch zu ihrer Vertrauten, zu ihrem »liebsten Kind«, wie sie mich oft nannte. Und da ergab es sich von selbst, dass ihr Mund von dem überfloss, des ihr Herz übervoll war: von dem Lob ihres geliebten, ältesten Sohnes Karl, der damals fern von Wien in der Schweiz weilte, und dass sie mir nicht genug von seinem Wirken und Schaffen im Dienste des Sozialismus erzählen konnte.

Sie gab mir seine bisher erschienenen Schriften und Artikel zu lesen und führte mich allmählich in seine Ideenwelt ein, für die ich ein um so wärmeres Interesse hegte, als ich schon früher bei der Wahl meiner Lektüre mich ernsteren sozialen Problemen zugewendet hatte, wie ich sie besonders bei russischen Autoren fand.

Niemand wäre zu meiner Führerin und Leiterin geeigneter gewesen als diese Frau, die selbst noch mit jugendlicher Begeisterung und mit dem Eifer einer Lernenden an der Hand des geliebten Sohnes das Wunderland des Sozialismus betreten hatte.

Was ihrem Wesen den mitreißenden Schwung verlieh, war der Umstand, dass sie große dichterische Begabung besaß, die stürmisch nach Äußerung verlangte. Und da war es rührend zu sehen, wie diese reife Frau, die es schon mit 36 Jahren zur Ehre einer Großmutter gebracht hatte, unablässig bemüht war, die von ihr schmerzlich empfundenen Lücken ihrer Bildung durch eifrigstes Studium auszufüllen. War sie doch in engen, ja kümmerlichen Verhältnissen aufgewachsen, so dass sie nur ein paar Volksschulklassen hatte besuchen können. Nur mühsam durch eigenen Fleiß hatte sie sich die elementarsten Kenntnisse aneignen können, die sie für den von ihr in frühester Jugend erwählten Beruf als Schauspielerin brauchte. Denn durch ihren Vater, der als Dekorationsmaler am Ständischen Theater in Prag tätig war, wurde sie in engste Berührung mit der Bühne gebracht und ihr starkes schauspielerisches Talent trieb sie schon in ganz jungen Jahren auf die Bretter, die die Welt bedeuten. Als jugendliche dramatische Liebhaberin studierte sie mit Feuereifer die Klassiker, und wenn auch schwere Krankheit sie zwang, schon mit 21 Jahren der Bühne zu entsagen, so war doch durch ihr ernstes Studium der dramatischen Weltliteratur schon Grundlage zu ihrer späteren umfassenden Bildung gelegt. Darauf gestützt, wagte sie sich später auf das Gebiet der Schriftstellerei.

Vor das deutsche Arbeiterpublikum trat sie in ihrem 40. Lebensjahr mit ihrer ersten reifen Schöpfung, dem Roman **Der Stephan vom Grillenhof**, den die ***Neue Welt***, das in großer Auflage erscheinende Unterhaltungsblatt der deutschen Sozialdemokratie, im Jahre 1879 erstmalig veröffentlichte. Er brachte ihr einen großen Erfolg. Hätte nicht ein Jahr später das über Deutschland verhängte Sozialistengesetz die deutsche sozialdemokratische Presse und über die Grenzen Deutschlands hinaus wirkend auch die österreichische lahmgelegt und teilweise gänzlich am Erscheinen verhindert, so wären Minna Kautsky, die man zu ihrem Verdruss oft die sozialistische Marlitt nannte, vielleicht in weiteren Kreisen als in denen der eigenen Partei, ähnliche publizistische Erfolge beschieden gewesen, wie dieser zweifellos geschickten, aber immerhin recht seichten Schriftstellerin. Denn wenn die Marlitt auch schriftstellerische Begabung, große Routine und vor allem eine packende, fesselnde Schreibweise besaß, den großen modernen Problemen, die um jene Zeit anfingen, die Gemüter und vor allem die der Frauen aufs Lebhafteste zu bewegen, stand sie völlig interesselos gegenüber und gerade diese Fragen waren es, an die Minna Kautsky mutig und mit tiefem sittlichen Ernst herantrat.

Aber das Sozialistengesetz hemmte mehr als ein Dutzend Jahre ihren Aufstieg in der Öffentlichkeit, und als es endlich 1890 von der mächtigen Welle des Volkszornes hinweggefegt wurde, da redete die neue Schriftstellerwelt schon wieder in ganz anderen Tönen als vorher, da musste die inzwischen mehr als fünfzigjährig Gewordene den neuen Verhältnissen gegenüber sich wieder völlig neu einstellen.

Der beispiellose Aufschwung der Partei wurde ihr jedoch zum mächtigen Ansporn und in rascher Folge schuf sie eine Reihe größerer Arbeiten, die nicht nur deutsch erschienen, sondern auch in viele fremde Sprachen übersetzt wurden, so dass ihr Name auch bei der lesenden Arbeiterschaft im Ausland Klang hatte.

Minna Kautsky hat dem Proletariat aller Länder jahrzehntelang beste geistige Nahrung vorgesetzt, noch heute trifft man im Feuilleton von deutschen, nordböhmischen und nordischen Parteiblättern ab und zu auf den Abdruck eines oder des anderen ihrer Romane, nur in ihrer österreichischen Heimat ist sie, sehr zu Unrecht, fast vergessen – der Prophet, der nichts im eigenen Vaterlande gilt.

Ihre größeren Werke: **Victoria**, **Die Alten und die Neuen**, **Helene**, **Der Pariser Garten**, **Im Vaterhause**, sind nicht nur von starkem Ethos getragen, es wohnt ihnen auch lebensbejahender Optimismus inne; stets gewähren sie Ausblick in die Welt des kommenden Sozialismus, dessen Verkündigung und Verherrlichung sie ihr ganzes Leben und Streben weihte.

Zum Glück hat es Minna Kautsky noch bei Lebzeiten an Anerkennung nicht gefehlt. Kein geringerer als Karl Marx schrieb ihr nach der Lektüre des **Stephan vom Grillenhof** warme Worte des Lobes und des Dankes für ihr tapferes Buch. Und Marie Ebner-Eschenbach, eine der ganz großen in der österreichischen Dichterwelt, mit der sie eine innige Freundschaft verband und zu der sie voll Bewunderung emporsah, hörte ich gar oft zu ihr sagen: »Ja, wenn ich Ihre dramatische Ader hätte, was könnte ich da erst leisten!«

Minna Kautsky hat auch ein paar gute, erfolgreiche Theaterstücke geschrieben, von denen eines – die **Eder-Mitzi** – im Raimundtheater gespielt wurde. Aber sie hat es nie verstanden, sich mit Theaterdirektoren, Regisseuren und gar mit der Kritik auf guten Fuß zu stellen. Dazu war sie zu ungeduldig, zu temperamentvoll und vor allem zu wenig geneigt, irgendwelche Konzessionen zu machen. Versöhnend mit diesen etwas schroffen Seiten ihres Wesens wirkte ihr goldener Humor und eine liebenswürdige Heiterkeit, von der ihre ganze Lebensauffassung durchdrungen war.

Und von allen diesen Eigenschaften sollte nach ihren mütterlichen und infolgedessen wohl nicht ganz unparteiischen Schilderungen der Lieblingssohn

Karl ein Teilchen abbekommen haben, so dass auf ihn das schöne Goethe-Wort anwendbar sein musste, er habe »vom Mütterchen die Frohnatur, die Luft am Fabulieren« ererbt. Mit welcher Spannung ich daher einer Begegnung mit diesem Ausbund an Tugend und Weisheit entgegensah, lässt sich denken.

Rosa Luxemburg

(1871 - 1919)

I.

Quelle: »Rosa Luxemburg zum Gedächtnis«, in: ***Die Genossin. Informationsblätter der weiblicher Funktionäre der Sozialdemokratischen Partei Deutschlands***, 6. Jg. (1929), Nr. 1, Januar 1929, S. 25–29.

Zum zehnten Mal jährt sich am 16. Januar der Tag, da Rosa Luxemburg unter den Kolbenhieben entmenschter Mörder ihr Leben lassen musste.

Über ihrem frühen Grab sind jene hasserfüllten Stimmen verstummt, die ihr im Leben nur Böses nachsagten, die in ihr nichts anderes sahen als »die blutige Rosa«, die Hyäne, die Megäre.

So nannte sie die Bourgeoisie und das gehässige Kleinbürgertum, so nannte sie aber auch jener Teil der Arbeiterklasse, der noch nicht im Lager der Sozialdemokratie stand, so nannten sie vor allem die antisemitischen Hakenkreuzler und die von ihnen verhetzten Bevölkerungsschichten, die es der kleinen Jüdin aus dem Osten nicht verzeihen konnten, dass sie es in der großen deutschen Arbeiterpartei und in der Internationale zu Ehre und Ansehen gebracht hatte.

In den zehn Jahren, die seit ihrem Tode verflossen sind, hat sich die Meinung über Rosa Luxemburg bis tief in alle diese Schichten hinein gewandelt. Ihre seither veröffentlichten Briefe an Sonja Liebknecht und an das Ehepaar Kautsky haben der Welt die Augen geöffnet und ihr gezeigt, dass die scharfe Publizistin, die furchtlose Kämpferin, die laute Ruferin im Streit, die Schwert und Feder gleich angriffslustig und gewandt zu führen wusste, ein weiches Herz, eine zarte Seele besaß und für alle Schönheiten empfänglich war, die das Leben zu bieten vermag. Sie liebte die Natur und die Kunst, sie liebte Blumen und Vögel, vor allem aber liebte sie die Menschen mit ihren Schwächen und Gebrechen, und Mitleid, das große Mitleid mit dem Leid aller Kreatur erfüllte sie und wurde zur ursprünglichen Triebfeder für alle ihre Handlungen.

Schon als Kind erfuhr sie, was Ungerechtigkeit und Unterdrückung heißt. Ist sie doch in Warschau aufgewachsen, der Hauptstadt des früheren Russisch-Polen und hat mitansehen müssen, wie der Zarismus jede freie Regung unterdrückte, wie jeder Kämpfer für Freiheit und Recht dieses Streben hinter Kerkermauern oder in den Eiswüsten Sibiriens büßen musste. Und noch Schlimmeres hat sie in früher Jugend miterleben müssen, die scheußlichen Judenpogrome, die im Osten an der Tagesordnung waren und die ihr das Blut in den Adern erstarren ließen. Als Jüdin und als Polin fühlte sie sich in ihrem Menschentum gedemütigt und erniedrigt, und ihr starkes Gerechtigkeitsgefühl empörte sich schon früh gegen diese Schmach.

Im Vaterhaus wuchs sie sorglich behütet auf, als jüngstes von fünf Geschwistern, sehr verhätschelt und wegen ihrer Klugheit und Begabung sehr bewundert. In der Schule und auf dem Gymnasium war sie stets die beste Schülerin, immer hilfsbereit gegen ihre Mitschüler und darum auch von diesen sehr geliebt. Kaum konnte sie schreiben, so redigierte sie schon eine Kinderzeitung und unterrichtete die analphabetischen Dienstmädchen des Hauses im Lesen und Schreiben. Ganz zeitig schon griff sie zu ernsten Büchern und studierte mit heißem Bemühen Werke über Völkerkunde, über das Mutterrecht, über die Anfänge der Zivilisation, über die sie dann mit einigen Gesinnungsgenossen eifrigst diskutierte. Diese jungen Leute bildeten eine auch politisch sehr interessierte Gruppe, die natürlich bald den Argwohn der Behörden erregte.

Rosa war zwar wegen ihrer Gescheitheit bei den Lehrern sehr beliebt, aber ihr aufrechtes Wesen und ihr energisches Auftreten hatten doch zur Folge, dass der Direktor ihr die goldene Medaille vorenthielt, die ihr für ihre Leistungen gebührt hätte.

Und da Anzeichen dafür vorhanden waren, dass man sie politischer Umtriebe verdächtige, die sie unweigerlich im Gefängnis hätte büßen müssen, so entschloss sie sich, die Heimat zu verlassen. Mit 16 Jahren floh sie in die Schweiz, um dort ihre Studien zu vollenden. In Bern und in Zürich studierte sie zuerst Philosophie, dann Jurisprudenz und Nationalökonomie. Auch dort erkannten ihre Professoren bald, welche Begabung in dem kleinen unscheinbaren Mädchen steckte, und für ihre zahlreichen Kollegen aus Russland und Polen wurde sie bald der Mittelpunkt des ganzen Kreises.

Neben ihren Studien trieb sie eifrig Politik und beteiligte sich lebhaft an den Diskussionen im »Deutschen Arbeiterverein« in Zürich. Auch begann sie bald, sich für polnische Blätter publizistisch an betätigen, wobei sie von allem Anfang an eine Kampfstellung gegen die »Polnische Sozialistische Partei« (PPS.) einnahm, deren nationalistische Einstellung sie nicht teilte. Mit einigen engeren Freunden und mit ihrem um wenige Jahre älteren Landsmann und Lehrer, Leo Jogiches, bekannter unter dem Schriftstellernamen Tyschko, plante sie die Gründung einer »Sozialdemokratischen Partei Polens und Litauens«, die dann später auch zustande kam.

Im Jahre 1893 wurden die Vertreter der Arbeiterparteien aller Länder zum ersten Male auf sie aufmerksam. In diesem Jahre tagte in Zürich der Internationale Sozialistenkongress, und Rosa Luxemburg trat dort zum ersten Male vor die Öffentlichkeit. Und zwar gleich als Kampfhahn, denn von einigen Parteien wurde ihr das Recht, dort als Vertreterin einer neuen polnischen Partei aufzutreten, lebhaft bestritten. Aber das kleine Persönchen, das ihre Freunde auf einen Tisch gestellt holten, damit die Kongressteilnehmer es sähen und hörten, verfocht mutig und unbeirrt durch alle Zwischenrufe seinen Standpunkt und erstritt sich sein Recht. Rosas Name war fortan bekannt in der Internationale, und nicht viel später tauchte er in der Arbeiterpresse Deutschlands auf.

Nach Vollendung ihrer Universitätsstudien und Erlangung der Doktorwürde war Rosa nach Paris gegangen, um die französische Arbeiterbewegung an Ort und Stelle zu studieren. Sie schloss dort herzliche Freundschaft mit Guesde und Vaillant, den Begründern der französischen Partei, die in Frankreich zusammen mit Lafargue die Marxsche Lehre verkündet und verbreitet hatten, zu deren Jüngern und Aposteln auch Rosa von allem Anfang an gehörte.

Aber ihre ganze Sehnsucht und ihr ganzes Streben gingen dahin, in der deutschen Arbeiterbewegung wirken zu können, die damals nach dem Fall des Sozialistengesetzes einen mächtigen Aufschwung nahm. Da sie das als Russin niemals hatte erreichen können, so schloss sie eine Scheinehe mit Gustav Lübeck, dem Sohn eines in Zürich lebenden alten deutschen Parteigenossen und dessen Frau Olympia, die Rosas Freundin und Landsmännin war. Sie behielt jedoch ihren Mädchennamen bei, der in der Internationale schon guten Klang hatte, und war nur den offiziellen Behörden gegenüber Frau Lübeck.

Fortan lebte sie in Deutschland, zuerst in Dresden, wo sie an der ***Sächsischen Arbeiter-Zeitung*** tätig war, und vom Frühjahr an in Berlin. Seit 1896 hatte sie schon gelegentlich an der wissenschaftlichen Wochenschrift der deutschen Sozialdemokratie ***Die Neue Zeit*** mitgearbeitet. Jetzt wurde sie deren ständige angesehene Mitarbeiterin. Zugleich entspann sich ein inniges Freundschaftsverhältnis zwischen ihr und deren Redakteur, Karl Kautsky, und dessen Frau Luise, der Schreiberin dieser Zeilen.

In die Zeit um die Jahrhundertwende fällt der große theoretische Streit in der deutschen Sozialdemokratie zwischen der alten radikalen Richtung und den sogenannten Revisionisten. Diese neue Richtung wollte die bisher in der deutschen Partei, unangefochten geltenden marxistischen Grundsätze kritisieren und revidieren An ihrer Spitze stand der in London im Exil lebende Eduard Bernstein. Das Haupt der Radikalen war Karl Kautsky, dem Franz Mehring, August Bebel und jetzt auch Rosa Luxemburg eifrig sekundierten. Es war ein scharfer Kampf der Geister, und Rosa fand an diesem Turnier großen Gefallen, entsprach es doch ihrem draufgängerischen Temperament, sich im Streit zu tummeln und ihre Feder gleich einer spitzen Lanze zu führen.

Über dieser theoretischen Arbeit vergaß sie jedoch nicht den Tageskampf. Rednerisch glänzend begabt, hatte sie sich in wenigen Jahren zur viel begehrten Agitatorin entwickelt und war die von der Bourgeoisie meist gehasste Ruhestörerin und Aufwieglerin.

Im Jahre 1904 sollte sie die erste Bekanntschaft mit einem deutschen Gefängnis machen; sie wurde wegen Majestätsbeleidigung und Aufreizung zum Klassenhass in Zwickau in Sachsen eingesperrt, aber vor Ablauf ihrer Strafe sehr zu ihrem Ärger amnestiert, weil nach dem Tod des alten Königs der neue bei der Thronbesteigung eine Amnestie erließ.

1905! Die erste Revolution in Russland! Da duldete es sie nicht länger im »faulen Westen«, sie eilt nach Warschau, um sich der Revolution zur Verfügung zu stellen. Zwei Monate fieberhafter unterirdischer Arbeit – dann Gefängnis, zuerst im Warschauer Rathaus, nachher in der dortigen Festung. Ein halbes Jahr verbringt sie in der Haft, immer im Ungewissen, ob ihr Todesstrafe oder Verschickung in die Zwangsarbeit droht und trotzdem ungebrochen, mutig und heiter wie je zuvor. Endlich freigelassen wegen mangelnder Beweise, geht sie über Petersburg nach Finnland, um dort in Ruhe und Einsamkeit die erlebten Eindrücke schriftstellerisch zu verwerten. Dort entsteht ihre Broschüre über den Massenstreik. Es ist dies das Problem, das sie fortan dauernd beschäftigen soll und das bestimmt ist, den Grund zu dem späteren Zwiespalt mit Kautsky zu legen.

Nach Deutschland zurückgekehrt, wird sie auf dem eben in Mannheim tagenden Kongress mit offenen Armen empfangen. Sie geht mit erneutem Eifer an ihre schriftstellerische und Agitationsarbeit.

Im Herbst 1907 wird sie auf Kautskys Vorschlag als Lehrerin der Nationalökonomie an die Berliner Parteischule berufen. Hatte sie auf allen Gebieten schon Hervorragendes geleistet, so übertraf sie als Lehrerin sich selbst. Es schien, als wäre sie zu diesem Beruf geboren, ihre Schüler vergötterten sie, und ihre Kollegen im Lehramt, die besten Kräfte der Partei, anerkannten neidlos ihre Superiorität. Sie war mit ganzer Seele bei ihrer Lehrtätigkeit, und jedes neue Schuljahr fand sie von neuem Eifer beseelt auf ihrem Posten.

Da kam der Krieg, und alles war zu Ende. Die Haltung der deutschen Sozialdemokratie beim Kriegsbeginn, ihre Bewilligung der Kriegskredite, erfüllten Rosa mit heller Empörung. Schon in der Frage des Massenstreiks mit Kautsky entzweit, der die von ihr propagierten russischen Methoden für Deutschland abgelehnt hatte, ging die brüchig gewordene Freundschaft jetzt ganz in Scherben, und Rosa, die kein Paktieren kannte, wurde zur grimmigen Gegnerin Kautskys und seiner ganzen Gruppe, die sie fortan leidenschaftlich bekämpfte.

Im Verein mit Clara Zetkin und Franz Mehring gab sie eine neue Zeit- und Streitschrift ***Die Internationale*** heraus, die aber schon nach dem Erscheinen der ersten Nummer der Zensur zum Opfer fiel.

Anfang 1915 muss sie ins Gefängnis und verfasst dort unter dem Namen »Junius« ihre berühmt geworbene Broschüre **Die Krise der Sozialdemokratie**, in der sie fürchterliche Abrechnung mit der deutschen Partei hält. Mit hinreißendem Pathos und elementarer Wucht geschrieben, schleudert dieses Buch der kapitalistischen Gesellschaft die flammendste Anklage gegen das Verbrechen des Krieges ins Antlitz. Es hat seinen Weg aus Kerkermauern zu Tausenden von Kriegsgegnern in Deutschland und im Ausland gefunden.

Nach 13-monatiger Haft im März 1916 entlassen, setzt sie ihre unterirdische Agitation gegen den Krieg fort, vereint mit Karl Liebknecht, der von der Truppe beurlaubt, nach Berlin geeilt ist, um mit Einsatz seines Lebens eine kühne Tat zu wagen. Natürlich wird er bei dem Versuch, am 1. Mai auf dem Potsdamer Platz in aller Öffentlichkeit eine Ansprache gegen den Krieg zu halten, gefasst und gefangen gesetzt. Auch Rosa erfreut sich nicht mehr lange ihrer Freiheit. Im Juli 1916 wird sie in Schutzhaft genommen, zuerst in Berlin, dann in der Wronke und schließlich im Breslauer Frauengefängnis interniert, wo sie bis zum Ausbruch der Revolution bleibt.

Was die zarte Frau während dieser bitteren Jahre erdulden musste, wie ungebeugt und mutig sie die lange zermürbende Haft ertrug, das erfährt man aus ihren Briefen aus den verschiedenen Gefängnissen, die sie an ihre vertrauten Freunde richtete, zu denen sich auch die Schreiberin mit Stolz zählt. In diesen Briefen offenbart sich eine solche Kraft und Seelengröße, solch ungebeugter Mut und eine so sonnige Heiterkeit, dass sie uns, ihre Freunde, immer wieder in Erstaunen versetzte. Nur ein Charakter, der »im Felsgrund einer geschlossenen großen Weltanschauung verankert« war, konnte dieses Lebendigbegrabensein ertragen, noch dazu in einer Zeit, wo in Russland die von ihr so heiß ersehnte Revolution ausgebrochen war, an der mit teilnehmen zu können ihr glühendster Wunsch gewesen wäre.

Freundschaft und Arbeit mussten ihr über alle Bitternisse der Haft hinweghelfen. In dieser Zeit verfasste sie eine Übersetzung der Selbstbiographie Wladimir Korolenkos, auf die sie unendliche Mühe und Sorgfalt verwendete und die sie mit einer Einleitung versah, die mit zu den schönsten, dichterisch vollendetsten Essays über die russische Literatur gehört. Es ist für Rosa charakteristisch, dass sie gerade in Korolenko ihren Helden sah, der die Gewalt verabscheute und bekämpfte und der bei all seiner Zartheit doch einer der mannhaftesten, trotzigsten Streiter für Wahrheit und Recht war, die im Zarenreich so schnöde geknebelt und vergewaltigt wurden. Ihre Mitarbeit an den geheim erscheinenden sogenannten Spartakusbriefen gab sie auch im Gefängnis nicht auf, und im Sommer 1918 schrieb sie eine Abhandlung über **Die russische Revolution**, in der sie Lenins Methoden scharf kritisierte.

Daneben trieb sie eifrig alle möglichen Studien, versenkte sich in Bücher über Botanik, Geologie, Kunstgeschichte und begeisterte sich immer wieder an wissenschaftlichen Werken, wobei sie stets beklagte, dass das Leben allzu kurz sei, um alle Schätze der Weisheit in sich aufzunehmen, nach denen sie dürstete.

Die November-Revolution in Deutschland brachte ihr die Freiheit. Aber die Freiheit kam mit Sturm und Drang, mit Blitz und Donner. Es war ihr keine Minute der Besinnung gegönnt, es riss sie hinein in das tobende Geschehen, und dem zarten kleinen Körper, der noch geschwächt war von jahrelanger Kerkerhaft, war keine Pause des Ausruhens, ja kaum die des wohltätigen Schlafes gegönnt.

Die Revolution fand die deutsche Arbeiterschaft gespalten und zerrissen. Rosa stand auf dem äußersten linken Flügel, der sogenannten Spartakusgruppe, die sich am 31. Dezember 1918 als Deutsche Kommunistische Partei organisierte und die von der kommunistischen Ideologie beherrscht war. Dass sie diese nicht bis in die letzten Konsequenzen teilte, dafür legt besonders die bereits erwähnte Broschüre über die russische Revolution Zeugnis ab. Auch in der Frage der Beteiligung an der Wahl zur Nationalversammlung stand sie in scharfem Gegensatz zu ihrer Partei. Dennoch wurde sie in alle Aktionen dieser

Partei hinein verwickelt und wurde von den rechtsstehenden Elementen sogar als deren Urheberin angesehen. Das sollte ihr zum Verhängnis werden. Denn als der Bürgerkrieg ausbrach und in den Straßen Berlins Blut floss, da gab man ihr die Schuld an allen Grausamkeiten, die zwangsläufig im Gefolge der Straßenschlacht sich einstellten, und die Soldaten, die die Kameraden neben sich fallen sahen, hielten Rosa für die Verantwortliche an den Gräueln. Sie wurde von ihnen verfolgt, konnte nicht mehr in ihre eigene Wohnung zurück, musste sich verstecken, wurde noch wochenlanger Hetzjagd aufgespürt und ins Hotel Eden geschleppt, wo der Stab des Regimentes Reinhard sich befand, das damals Berlin vor der Bolschewisierung schützen sollte.

Ob die Herren Offiziere auch nur den Schein einer ordentlichen Verhandlung gewahrt haben, man weiß es nicht und man wird es nie erfahren. Dass sie von allem Anfang an einen feigen Mord an der wehrlosen Frau planten, geht aus ihrem ganzen weiteren Verhalten hervor.

Rosa wurde durch die Ausgangstür des Hotels auf die Straße gestoßen und der dort postierte Unteroffizier Runge schlug sie mit dem Gewehrkolben nieder. Die Bewusstlose wurde in ein bereitstehendes Auto geworfen und als sie noch Lebenszeichen zeigte, schoss ihr einer der Helden eine Kugel durch den Kopf. Den Leichnam warfen sie dann in den Landwehrkanal, um die Spuren ihrer feigen Tat zu verwischen. Runge hat die grausige Szene später, als er sich mit seinen Auftraggebern entzweite, vor Gericht genau geschildert. Dennoch bleibt manche Einzelheit in Dunkel gehüllt.

Monatelang waren die Freunde und Anhänger Rosas über ihr Schicksal im Ungewissen und erst als der Fluss den entstellten Leichnam ans Ufer schwemmte, wusste man, dass sie tot, dass jede Hoffnung auf Wiederkehr eine vergebliche sei.

Zehn Jahre nach diesem schrecklichen Tag geht der Streit hin und her, wo, in welchem Lager Rosa heute stünde.

Zwischen der deutschen Sozialdemokratie und sich hatte sie das Tischtuch zerschnitten.

Die russischen Methoden hat sie prophetisch verurteilt und hätte den Kurs, der in Russland gesteuert wird, nie mitgemacht. Rosas Theorien haben dort auch schärfste Ablehnung gefunden, wenngleich man es trotzdem liebt, sie als Bekennerin des waschechten Bolschewismus zu reklamieren.

Am allerwenigsten aber hätte sie es in der Kommunistischen Partei ausgehalten, in der sich Elemente breit machen, mit denen sie keine Gemeinschaft hätte haben mögen. Es ist und bleibt also ein ungelöstes Rätsel, zu welcher Partei sich Rosa, lebte sie noch, zählen würde, eine Frage, auf die niemand Antwort zu geben vermag.

Über alle Streitigkeiten und alle Parteiunterschiede hinweg aber erhebt sich Rosas verklärtes Bild, aus dem ihr Märtyrertod alle Schatten gebannt hat. Und mit tiefster Wehmut gedenken ihrer auch diejenigen, mit so mancher ihrer Handlungen am Schluss ihres Lebens nicht einverstanden waren. War doch dieses Leben dem Wohle der Menschheit geweiht, war es doch ein fortgesetzter Kampf um die Befreiung der Erniedrigten und Enterbten aus den Fesseln, wie die Unterdrückung und Ausbeutung sie schlagen, ein fortgesetztes Ringen, um der Arbeiterklasse zu ihrem Recht auf Wissen, auf Bildung, am Freiheit zu verhelfen.

Für dieses Ideal hat Rosa Luxemburg gelebt und gestritten, für dieses Ideal ist sie mutig in den Tod gegangen.

Ehre ihrem Andenken!

II.

Quelle: »Rosa Luxemburg anläßlich ihres 15. Todestages«, in: ***Die Frau. Sozialdemokratische Monatsschrift für Politik, Wirtschaft, Frauenfragen und Literatur***, 44. Jg. (1934), Nr. 2, S. 13–15.

Heute, wo Mächte der Unterwelt bestrebt sind, die vor nicht allzu langer Zeit aus Unfreiheit und Erniedrigung emporgehobene Frau wieder zurück zu verbannen an den häuslichen Herd, zurückzustoßen in die Geschlechtssklaverei, ihr alle jene geistigen und politischen Errungenschaften streitig zu machen, die sie sich in jahrzehntelangem Ringen mühsam erstritten, ist der Moment gegeben, jener Vorkämpferinnen zu gedenken, deren Beispiel uns anfeuert und deren Schicksal uns besonders nahegeht.

Als eine der leuchtendsten Gestalten unter ihnen tritt uns da Rosa Luxemburg entgegen, deren Todestag sich eben zum fünfzehnten Male jährte. Viel ist schon über sie gesagt und geschrieben worden. Dennoch ist das Interesse für sie nicht erloschen, trotz der jetzt allerorten sich geltend machenden reaktionären Strömungen. Wäre nicht ihr ganzes Dasein der Arbeiterbewegung geweiht gewesen, so dass sie schon bei ihren Lebzeiten vom Proletariat geliebt, verehrt, ja vergöttert wurde, so würde ihr Heldentod auf dem Schlachtfeld der Revolution ihr unvergänglichen Ruhm sichern und ihr Andenken zu einem für die Arbeiterklasse geheiligten machen.

Kaum einer zweiten Kämpferin sind die Herzen der Arbeiter so entgegengeflogen wie ihr. Nicht nur die Männer, sondern auch die Frauen und vor allem die Jugend sahen begeistert zu ihr auf. Auch die Frauen, trotzdem Rosa stets betonte, dass es für sie keine spezielle Frauenbewegung, sondern nur eine große allumfassende Arbeiterbewegung gebe, weil alles, was an Rechten und Freiheit für den Mann erkämpft würde, automatisch auch der Frau zugute käme. Dennoch blickten die Frauen gläubig zu Rosa Luxemburg auf, die ihnen in vieler Hinsicht als die Verkörperung eines Ideals erscheinen musste, dem nachzustreben sie mit Feuereifer versuchten. Wohl war Rosa, was ihr Äußeres betraf, von der Natur beinahe stiefmütterlich bedacht worden. Von zarter Beschaffenheit, kindhaft kleinem Wuchs und etwas verschobenem Körperbau, wirkte sie beim ersten Anblick alles eher als imponierend. Aber als hatte Mutter Natur gütig das ersetzen wollen, was sie ihr an leiblichen Gütern versagte, hatte sie sie mit geistigen Gaben um so reicher ausgestattet. Ihr war eigen eine rasche Auffassungsgabe, so dass sie die Schwierigkeiten des Lernens und Studierens spielend leicht überwand und im Gymnasium wie auf der Universität von den Kollegen wegen ihrer Erfolge bewundert und beneidet, von den Professoren ob ihres Scharfsinns und Fleißes geachtet und geschätzt wurde

Brennender Lerneifer beseelte sie, keine Mühe scheute sie, keine Schwierigkeit schreckte sie, so dass sie auf vielen Gebieten der Wissenschaft umfassende Kenntnisse erwarb. Schon auf dem Gymnasium interessierte sie sich für volkswirtschaftliche und soziale Fragen, und schon als Schülerin ward sie Mitglied einer geheimen revolutionären Verbindung in ihrer Vaterstadt Warschau, die damals unter dem Zarenjoch schmachtete. Diese Verbindungen hatten den Zweck, Aufklärung ins Volk zu tragen und namentlich den Arbeitern die Augen zu öffnen über den Druck, der auf sie ausgeübt wurde, der jede freie Bewegung hemmte, jede freiheitliche Regung ertötete.

Erfuhren die stets auf der Lauer liegenden politischen Behörden von solch einer Verbindung oder Verschwörung, so griffen sie mit eiserner Strenge zu und schwere Gefängnisstrafen, wenn nicht gar Verbannung und Tod bedrohten deren Teilnehmer. Auch der kaum der Schule entwachsenen Rosa hätte dieses Schicksal geblüht, und um ihm zu entgehen, floh sie, sechzehnjährig, in die Schweiz, wo sie viele ihrer polnischen und russischen Schicksalsgenossen anzutreffen gewiss war.

Weit entfernt davon, sich durch die politische Verfolgung entmutigt zu fühlen, wurde ihr ganzes Wesen dadurch gestählt und zum Widerstand gegen diese ungerechte Gesellschaftsordnung gereizt. Auch der Umstand, dass sie Jüdin war und als solche die Brutalität und Willkür des herrschenden russischen Regimes doppelt empfunden hatte, trug dazu bei, aus ihr eine Rebellin zu machen. Jegliche Unterdrückung war ihr verhasst, die Auflehnung dagegen lag ihr im Blut. Alle Eigenschaften einer echten Kämpferin vereinigte sie in seltenem Maße in sich: höchsten persönlichen Mut, großes Wissen, gepaart mit Witz und Schlagfertigkeit, eine ungewöhnliche Rednergabe, die unterstützt wurde durch eine gewählte Ausdrucksweise, lebhafte Phantasie und ein kühnes Draufgängertum, das vor keinem Gegner zurückwich. Dazu kam eine schöne, wohllautende Stimme, und so war es kein Wunder, dass das harmonische Zusammenwirken solcher Mittel einen Zauber fast auf jeden ausübte, der ihr unvoreingenommen entgegentrat. Freilich war auch die Zahl derer in unseren eigenen Reihen nicht gering, die ihr nicht freundlich gegenüberstanden. Denn ebenso schonungslos, wie sie den Kapitalismus und seine Schäden geißelte, ebenso mitleidslos und scharf, wie sie den politischen Gegner behandelte, wendete sie sich auch gegen Genossen, bei denen sie Lauheit oder Verrat an den Prinzipien der Partei witterte.

Kein Wunder daher, dass sie, die stets auf der äußersten Linken in der Partei stand, von dem rechten Flügel bitter angefeindet wurde. Dafür aber waren die Anhänger ihrer Richtung um so begeisterter von ihr. Denn so war sie beschaffen, dass man ihr nur bitteren Hass oder vorbehaltlose Liebe entgegenbringen konnte.

Ein ganz anderer Mensch als im öffentlichen Leben war sie zu Hause und ihren Freunden gegenüber. Da war sie rücksichtsvoll, hilfsbereit und zartfühlend und voll des Mitleids mit jeglicher Kreatur. Schwärmerisch begeisterte sie sich für alle schönen Künste, liebte leidenschaftlich Musik und Malerei, die sie sogar erfolgreich betrieb, und war in der schönen Literatur ebenso zu Hause wie in manchen Wissenschaften.

Ihre zahllosen Artikel, ihre nationalökonomischen Werke, ihre Streitschrift zu Beginn des Krieges über **Die Krise der Sozialdemokratie**, endlich ihre wundervolle Einleitung zu der von ihr übersetzten Biographie Wladimir Korolenkos sind Meisterwerke des Stils, sie blitzen und funkeln vor Geist und Wissen und lassen kaum je ahnen, dass sie nicht von einer Deutschen geschrieben sind. Und erst ihre Briefe! Deren Erscheinen wenige Jahre nach Rosas gewaltsamem Tod bildete eine förmliche Sensation in allen Parteikreisen bis weit in die Reihen der Bourgeoisie hinein. Die Welt horchte auf: Das war die blutige Rosa, die vielverhöhnte Megäre! Diese geist- und gefühlvolle, diese feinsinnige Frau, der nichts Menschliches fremd war, die vom Gefängnis aus ihre Freunde zu trösten und aufzurichten verstand! In diesen Briefen aus dem Gefängnis an Karl Liebknechts Frau Sophie (Sonja) und an die Schreiberin dieser Zeilen zeigt sich Rosa in ihrer ganzen Seelengröße und von ihrer liebenswertesten Seite. Diese Briefe sind um so bewundernswerter, als Rosa während ihrer jahrelangen Haft körperlich sehr gelitten und viele seelische Qualen hatte erdulden müssen.

Diese lange Gefängniszeit, beschönigend »Schutzhaft« genannt, bildete den vorletzten Akt im Leben Rosa Luxemburgs, dem nur noch ein ganz kurzer, blutiger Schlussakt folgen sollte.

Der Umsturz des 9. November 1918 gab ihr die lang ersehnte Freiheit wieder. Geschwächt und entkräftet wie sie war, wurde sie mitten in den tollen Wirbel der Ereignisse gerissen.

In dem Bruderzwist, der das deutsche Proletariat zerfleischte, stand sie natürlich wie immer auf der äußersten Linken, an der Spitze der Spartakusgruppe, gegen die sich vor allem der Hass und die Wut der Soldaten richteten. Herrschte doch damals wütender Bürgerkrieg, der Berlins Pflaster mit Bruderblut tränkte, und Spartakus war der Angreifer im Kampf, der viele Opfer auf beiden Seiten forderte. Übermüdet, schlaflos, gehetzt, verlebte Rosa Luxemburg jene heißen Wochen in einem Zustand fieberhafter Überreizung. Ihre Wohnung, die ständig von Soldaten überwacht war, konnte sie nicht mehr betreten. Jede Nacht verbrachte sie in einem anderen Quartier bei ihr treu ergebenen Genossen.

Dennoch ließ sie den Mut nicht sinken und behielt ihren klaren Kopf. Das zeigte sich bei dem Parteitag der Spartakusgruppe Ende Dezember 1918, wo diese sich als »Kommunistische Partei Deutschlands« konstituierte. In flammenden Worten suchte sie dort ihre Anhänger für die Beteiligung an der Wahl zur Konstituierenden Nationalversammlung zu gewinnen. »Maschinengewehre gegen freies Wahlrecht, das ist eine schlechte Parole«, rief sie den wilden Stürmern entgegen. Doch alle ihre Argumente halfen nichts, zum ersten Mal holte sie sich bei ihren eigenen Parteigenossen eine Schlappe und wurde von dem rabiaten Flügel überstimmt.

Das Verhängnis nahm weiter seinen Lauf, mochte sie sich auch gegen manche Gewalttat stemmen.

Zum Schluss musste Rosa mit Leib und Leben die Blutschuld bezahlen und für Sünden büßen, die nicht zum geringsten Teil andere in ihrem Namen begangen hatten.

Von einer wütend gewordenen Soldateska gefangengenommen, wurde sie ins Hotel Eden verschleppt, wo eine Horde adeliger Offiziere ihr Mütchen an ihr kühlte und ein viehischer Mordbube den Todesstreich gegen sie führte.

Ihr Leichnam wurde in die Spree geworfen, die ihn erst nach Monaten wieder herausgab. Ihrem Sarg folgte ein endloser Zug von Trauernden und die Stimmen des Hasses verstummten vor der Majestät dieser Toten. Sogar ihre bittersten Gegner empfanden Ehrfurcht vor der Größe dieser Frau, die ihr ganzes Leben hingebungsvoll in den Dienst der ihr heiligen Sache des Proletariats gestellt, die ohne Wanken Entbehrungen, Verfolgungen, Kerkerhaft auf sich genommen und mehr als einmal furchtlos dem Tod ins Auge geblickt hatte, der ihr endlich nahte, so wie sie selbst es oft vorausgesagt und wohl im Grunde ihres Herzens gewünscht hatte:

»Sie wissen, ich werde doch mal auf meinem Posten sterben, in einer Straßenschlacht oder im Zuchthaus.«

Wahrlich, sie starb auf ihrem Posten und machte die Worte wahr, die ihr Lieblingsdichter Heine von sich selbst und seinesgleichen gesungen:

»Verlorner Posten in dem Freiheitskriege,
Hielt ich seit dreißig Jahren treulich aus.
Ich kämpfe ohne Hoffnung, dass ich siege,
Ich wusste, nie komm ich gesund nach Haus.
Die Wunden klaffen – es verströmt mein Blut.
Ein Posten ist vakant! – Die Wunden klaffen –
Der eine fällt, die andern rücken nach –
Doch fall ich unbesiegt, und meine Waffen
Sind nicht gebrochen – nur mein Herze brach.«

Ihr Herze brach, aber in Millionen Herzen der gedemütigten, gequälten, getretenen Menschheit hat ihr Wirken und Wesen einen Hoffnungsstrahl entzündet, den völlig auszulöschen keine Macht der Erde imstande ist, mag sie sich auch noch so brutal und gewalttätig gebärden und barbarisch alles niederzureißen versuchen, was selbstlose und edle Streiter zum Wohl des Menschengeschlechtes geschaffen haben, Menschen wie Rosa Luxemburg haben nicht umsonst gelebt. Der Same, den sie gesät, geht tausendfältig auf und zeitigt Früchte für spätere Geschlechter, denn

»Sie töten den Geist nicht, ihr Brüder!«

Jenny Marx

(1814 - 1881)

Quelle: »Frau Marx«, in: ***Gleichheit. Zeitschrift für die arbeitenden Frauen***, 7. Jg. (1933), Nr. 4, April 1933, S. 59–65.

Marx' Schwiegersohn Paul Lafargue sagt in seinen persönlichen Erinnerungen:

> »Marx war ein ebenso guter Freund wie zärtlicher Gatte und Vater, aber er fand auch in seiner Frau, in seinen Töchtern, in Helene und Engels Wesen, welche verdienten von einem Mann wie er geliebt zu werden.«

Vor allem ist es Frau Jenny Marx, der ihr Mann und ihre Töchter, die Freunde des Hauses und alle ihre Zeitgenossen, von den berühmten Dichtern wie Heine und Freiligrath und Herwegh, von den erlesensten Geistern, deren Name jeder Revolutionär mit Ehrfurcht nennt, bis zu den einfachen Arbeitern, nur Gutes nachzurühmen wussten. Und die selbst legt in ihren Briefen Zeugnis ab für ihre hohe Intelligenz, ihre freiheitliche Gesinnung und ihre Herzensbildung. Wenigen großen Männern war es beschieden, eine so ebenbürtige Partnerin auf ihrem Lebensweg zu finden, wie dies Karl Marx gelang, als er seine Jenny noch als Jüngling, ja fast noch als Knabe zu seiner Lebensgefährtin auserkor. Ein Hauch von Romantik liegt von Anbeginn an über diesem Herzensbund.

Kindheit

Dem preußischen Landrat in Salzwedel, Ludwig von Westphalen, wurde am 12. Feber 1814 eine Tochter, Jenny, geboren. Im Jahre 1816 wurde er zum Regierungsrat ernannt und nach Trier versetzt, das ihm und den Seinen nun zur Heimat wurde. Die Westphalens bewohnten ein stattliches Haus und ihr nächster Nachbar in der schönen Römerstraße war der Justizrat Heinrich Marx, der hochangesehene Advokat und Anwalt am Trierer Landgericht.

Dem Zug der Zeit folgend, war Marx mit seiner Familie zum Christentum übergetreten, da weder ihn noch seine Frau Henriette irgendein religiöses Gefühl an den jüdischen Glauben band, trotzdem beide direkte Abkömmlinge berühmter Rabbinerfamilien waren. Bald verknüpfte die Nachbarskinder innige Freundschaft, die sich rasch auf die Eltern übertrug. Jenny fand in der etwas jüngeren Sophie Marx eine Spielgefährtin und ihr jüngerer Bruder Edgar drückte die Schulbank neben Karl Marx. In dem großen Garten des Westphalen-Hauses spielten und tummelten sich die Kinder, wobei der wilde Karl eine große Vorliebe für die Mädchen an den Tag legte, die sich allerdings seiner Tyrannei fügen mussten. Denn er war ein unbändiger Kamerad, und nur weil er ihnen »zur Belohnung« so wundervolle Geschichten erzählte, ließen sie sich alles gefallen. Besonders eng schloss sich Karl an die um vier Jahre ältere Jenny an. An ihren Vätern hatten beide verständnisvolle Freunde und Förderer ihrer Studien. In beider Seelen wurde schon früh der Samen für alles Schöne und Gute gelegt, der später so segensreich aufgehen sollte.

Sowohl Heinrich Marx als Ludwig von Westphalen waren hochgebildete, sehr belesene Männer, beide auf wissenschaftlichem und literarischem Gebiet zu Hause.

Reifere Jugend

Aus der Kinderstube brachten Jenny und Karl Marx schon die Vorliebe für Homer und Shakespeare, für Dante und Cervantes mit, in deren Dichtungen sie Jennys Vater einführte, während Vater Marx den Sohn mit Voltaire, Rousseau und der Aufklärungsliteratur vertraut machte.

In welchem Zeitpunkt die beiden jungen Leute entdeckten, dass ihre Jugendfreundschaft sich zu einer leidenschaftlichen Liebe gewandelt hatte, weiß man nicht, denn leider hat Marx' Tochter, Laura Lafargue, den ganzen von ihren Eltern sorgfältig gesammelten und aufbewahrten Briefwechsel verbrannt. Was sie dazu bewog, vermag man nicht zu erraten – möglicherweise übertriebenes Zartgefühl oder eine Art seelischer Scham, Regungen, die ihr, kannte man sie näher, wohl zuzutrauen waren. Wie dem auch sei, Tatsache ist, dass Karl, als er nach absolviertem Gymnasium 17-jährig nach Bonn auf die Universität ging, sich über seine Gefühle für Jenny schon so weit im Klaren war, dass ihm die lange Trennung von ihr Höllenqualen bereitete, so dass das ersten Jahr des Studentenlebens, sonst von den eben den Schulbänken Entronnenen überschwänglich begrüßt, ihm die traurigste Zeit seines Lebens dünkte.

Aus Bonn zurückgekehrt, sollte er seine Universitätsstudien in Berlin fortsetzen. Da aber litt es ihn nicht länger, er musste sich dem geliebten Mädchen entdecken und seiner glühenden Beredsamkeit gelang es, Jenny zur heimlichen Verlobung zu bestimmen.

Heimlich verlobt

Beseelt von der Gewissheit, dass seine Liebe erwidert wurde, aber schwer bedrückt von dem Geheimnis, reist der Achtzehnjährige nach Berlin, um auch dort wieder qualvolle Zeiten der Sehnsucht zu verleben, wovon seine Briefe an den Vater Zeugnis ablegen. In wunderbarer Glorie erscheint Jennys Bild damals nicht nur vor den Augen des verliebten Jünglings, sondern auch in den Briefen des Vaters an den Sohn. Jenny hatte nämlich, den dringenden Bitten Karls nachgebend, erlaubt, dass er dem Vater von der heimlichen Verlobung Mitteilung mache. Nur ungern fügte sich der Vater der Heimlichtuerei gegenüber seiner Frau und dem verehrten Freund. Aber die Liebe zu seinen Kindern obsiegt. Dass Jenny, in aller Augen das schönste Mädchen von Trier, dabei die vielumschmeichelte und umworbene Tochter des höchsten Regierungsbeamten der Stadt, infolge ihres kühnen Schrittes so manche schlaflose Nacht verbrachte, ist nicht zu verwundern. Solange Marx in Trier gewesen, war ihr alles leicht erschienen: Er hatte sie mit seiner Kühnheit fortgerissen und sie war nur allzu freudig auf seine Pläne für ihre gemeinsame Zukunft eingegangen. Nun, wo er fort war, war es für sie eine Wohltat, dass sie sich mit dem Vater und der Schwester Karls frei über ihre Liebe zu ihm aussprechen, aber auch ihren Ängsten und Kümmernissen Ausdruck geben durfte.

Hören wir, was der Vater in dieser Zeit (18. Dezember 1836) an Karl schreibt:

> »Ich habe mit Jenny gesprochen und ich hätte gewünscht, sie ganz beruhigen zu können ... Noch weiß ich nicht, wie ihre Eltern das Verhältnis aufnehmen würden ... Wäre ich mächtig genug, dies edle Wesen durch kräftiges Eingreifen in mancher Beziehung zu schützen und zu beruhigen, mir wäre kein Opfer zu groß. Aber ich bin leider in jeder Hinsicht zu schwach. Sie bringt Dir ein unschätzbares Opfer – sie beweist eine Selbstverleugnung, die nur von der kalten Vernunft gewürdigt werden kann. Wehe Dir, wenn Du je in Deinem Leben dies vergessen könntest!«

Und in etwa einem Monat später, am 3. Feber 1837 schreibt er wieder in demselben Sinn:

»Ich habe auch das unbegrenzte Vertrauen Deiner Jenny erworben. Aber das gute, liebenswürdige Mädchen peinigt sich unaufhörlich – fürchtet, Dir zu schaden – Dich zur Überanstrengung zu verleiten usw. usw. Drückend ist es für sie, dass ihre Eltern nichts wissen, oder, wie ich glaube, nichts wissen wollen. Sie kann sich selbst nicht erklären, wie sie, die ganz Verstandesmensch zu sein glaubte, sich so hinreißen ließ ...«

Was Jenny besonders bedrückte, war der Altersunterschied. Aufregung und Angst warfen sie um diese Zeit aufs Krankenlager. Nur Karls Briefe heiterten sie auf, und als er ihr Weihnachten 1836 ein Heft Gedichte mit der Widmung »Buch der Liebe«, »Meiner teuren ewig geliebten Jenny von Westphalen« schickte, weinte sie »Tränen der Wonne und des Schmerzes«, wie Sophie dem Bruder schrieb. Als ihre Stimmung gar zu verzweifelt wurde, gab sie Karl auf Rat des Vaters die Erlaubnis, sich auch ihren Eltern zu eröffnen. Und möge deren Widerstand auch anfänglich groß gewesen sein, sie fügten sich schließlich, liebte doch Jennys Vater Karl wie seinen eigenen Sohn und hielt er doch große Stücke auf den begabten Jüngling. So waren die beiden nun offiziell verlobt.

Brautzeit

In den nun folgenden Jahren sahen sich die Brautleute wenig und Jenny musste weiter ihre Charakterstärke durch geduldiges Warten erweisen. Aber die Briefe und Gedichte Karls waren Lichtblicke in dieser endlosen Wartezeit, während der sich die Verlobten nur in kurzen Ferienwochen sahen, die ihnen natürlich oft auch noch durch Dritte geschmälert wurden. Erschwert wurde die Trennung für Jenny noch besonders dadurch, dass ihr erst Karls Vater schon 1838 und dann ihr eigener – 1842 – durch den Tod entrissen wurden. Ihr Verhältnis zum Marxschen Haus trübte sich nach dem Tod des Vaters. In einem Brief vom 29. Mai 1840 klagt Karls Mutter, dass Westphalens sich nicht mehr um sie kümmerten, hochmütig seien und sie kränkten. Auf der anderen Seite fühlte Jenny deutlich, dass Karls Mutter nicht das rechte Verständnis für dessen Neigungen und Bestrebungen zeigte, ihn für untüchtig, wenn nicht gar liederlich hielt. Das Wesen der hausbackenen Frau Marx war eben grundverschieden von dem der hochsinnigen Jenny. Dass Karl keinen »vernünftigen« Beruf ergriff, nicht Advokat wurde und besonders, dass er an der verrückten Heiratsidee festhielt, konnte die einfache, mütterlich besorgte Frau nicht fassen. Sie hat ihm das auch nachgetragen und es ihm sogar entgelten lassen, als er im Londoner Exil mit seiner Familie in bitterster Not lebte. In ihrem gebrochenen Deutsch, sie war Holländerin von Geburt und hat deutsch nie richtig schreiben gelernt, schrieb sie einmal: »Wenn der Karrell viel Kapital gemacht, statt viel über Kapital zu schreiben, wäre es viel besser.« Kein Wunder, dass, als sie 1863 starb, ihre Schwiegertochter ehrlich gestand, sie weine ihr keine Träne nach.

Aber auch von ihrer eigenen Familie hatte Jenny nach ihres Vaters Tod viel Anfeindungen zu ertragen. Besonders ihren frömmelnden Stiefbruder Ferdinand von Westphalen, der später in Preußens reaktionärer Regierung der reaktionärste Minister war und von dem Jenny stets nur mit Hohn und Verachtung sprach, war der gottlose zukünftige Schwager ein Dorn im Auge. Kam es auch nicht zum offenen Konflikt mit ihren Leuten, so rieb sie der stete Kleinkrieg doch auf und sie sehnte den Tag herbei, wo er ein Ende nähme.

Da bei der damals in Preußen herrschenden Strömung nicht daran zu denken war, dass Marx, wie er ursprünglich plante, die Professorenlaufbahn einschlug, so begrüßte er es freudig, als er zur Mitarbeit an der am 1. Jänner 1842 in Köln neu erschienenen ***Rheinischen Zeitung*** aufgefordert wurde. Zuerst arbeitete er von Bonn aus mit, im Oktober 1842 ging er nach Köln, wo ihm die oberste Leitung des Blattes übertragen wurde. Doch schon im Frühjahr 1843 erlag es den »Rücken und Tücken« der Zensur und musste sein Erscheinen einstellen. Karl, dessen ganzes Streben nach einer Stellung ging, in der er seiner Überzeugung leben, der Menschheit dienen und mit seiner Jenny einen, wenn auch noch so bescheidenen Hausstand gründen konnte, sah sich wieder dem Nichts gegenüber. Da wandte sich Arnold Ruge, ein Freund aus der Berliner Zeit, an ihn mit dem Antrag, von Paris aus gemeinsam mit ihm die ***Deutschen Jahrbücher*** herausgegeben, deren Erscheinen in Deutschland ebenfalls nicht mehr möglich war. Marx schlug freudig ein. In einem Schreiben an Ruge aus Köln vom 13. März 1843 bespricht er zuerst das Geschäftliche und fährt dann fort:

> »Ich kann Ihnen ohne alle Romantik versichern, dass ich von Kopf bis zu Fuß und zwar allen Ernstes liebe. Ich bin schon über sieben Jahre verlobt und meine Braut hat die härtesten, ihre Gesundheit fast untergrabenden Kämpfe für mich gekämpft ...«

Nie hat Jenny Marx die aufregende und zugleich niederdrückende Episode ihrer Brautzeit vergessen, und als ihre Töchter heirateten, sich und sie glücklich gepriesen, dass ihnen derartige Leiden erspart blieben und dass sie ungehindert den Männern ihrer Wahl folgen durften.

Am 13. März 1843 konnte Marx endlich seine geliebte Jenny heimführen. Die beiden wurden in Kreuznach, wo Jenny eben mit ihrer Mutter lebte, getraut. Nach einigen Monaten reiste das junge Paar von dort im Oktober nach Paris. Damit begann für die beiden das unstete Leben der Heimatlosen.

In der Emigration - Paris

In Paris geriet das Ehepaar in einen Zirkel auserlesener Männer, die, von der Reaktion aus Deutschland vertrieben, dort ihren Unterhalt durch Schriftstellerei zu suchen gezwungen waren. Ihre literarischen Produkte wurden meist heimlich nach Deutschland eingeschmuggelt. Jenny Marx erregte allgemeine

Bewunderung durch ihren Geist, ihre Anmut und ihre Schönheit. Trotzdem mag sie manches Mal an Heimweh gelitten haben, um so mehr, als sie sich Mutter fühlte. Da schickte ihr Frau von Westphalen »das Beste«, was sie ihr schicken konnte, »das liebe treue Lenchen«.

Zu den Verehrern Jennys in Paris zählten unter anderen die Dichter Herwegh und Heine. Besonders Heine fand sich täglich im Marxschen Hause ein und viele seiner schärfsten Spottgedichte sind dort entstanden, an denen Karl und Jenny Marx und oft musste sie den leicht gekränkten Dichter trösten und aufrichten, wenn boshafte und hämische Kritik ihn bis zu Tränen verletzt hatte. Das Verhältnis mit Ruge endete nach kurzer Zusammenarbeit mit einer Entzweiung, von den geplanten ***Deutsch-Französischen-Jahrbüchern*** erschien nur ein einziges Heft, der materielle Erfolg blieb aus und die finanzielle Misere begann, die umso drückender wurde, als dem jungen Paar am 1. Mai 1844 ein Töchterchen geboren wurde, das nach der Mutter Jenny genannt ward.

Marx und ein ganzer Stab von erstklassigen Mitarbeitern hatten sich inzwischen vereinigt, um ein volkstümliches Organ für die Hunderttausend in Paris lebenden Deutschen zu schaffen. Sie nannten es ***Vorwärts*** und es sollte das Sprachrohr für alle linksgerichteten deutschen Elemente im Ausland sein. Es wurde das Diskussionsorgan der Flüchtlinge aller Richtungen und Frau Jenny machte dort nicht nur mit hervorragenden Schriftstellern, sondern auch mit den Lesern des Blattes Bekanntschaft, einfachen Handwerkern und Arbeitern. »Sie hatte sich in den Interessenkreis ihres Mannes vollständig eingelebt und half bei der Aufrechterhaltung der persönlichen Beziehungen.« Die französische Regierung wurde jedoch bald von Deutschland aus energisch auf das gefährliche Treiben der »Radikalen Rotte« hingewiesen, und trotzdem sie sich anfangs dagegen sträubte einzugreifen, gab sie schließlich dem wiederholten Drängen Friedrich Wilhelm IV. nach und entschloss sich zur Ausweisung der schlimmsten deutschen »Atheisten«. Unter ihnen war Marx. Andere blieben unter allerlei Ausflüchten und Versicherungen ihrer politischen Unschuld. Marx aber zu stolz, um sich freiwillig unter polizeiliche Aufsicht zu stellen, verließ Paris und fuhr nach Brüssel, wohin ihm Jenny mit dem kleinen Kind und Lenchen bald folgte. Das war 1845.

Brüssel

Hören wir, was Stephan Born über seinen Eindruck von Frau Marx in jener Brüsseler Zeit erzählt:

»Ich fand Marx in einer höchst bescheidenen, man darf wohl sagen ärmlich ausgestatteten kleinen Wohnung in einer Vorstadt Brüssels. Er nahm mich freundlich auf, befragte mich über den Erfolg meiner propagandistischen Reise, machte mir ein Kompliment über meine Broschüre gegen Heinzen, in welches seine Frau einstimmte, die mich freundlich willkommen hieß, und wie sie ihr Leben lang den innigsten Anteil nahm an allem, was ihren Mann interessierte und beschäftigte, so war sie auch nicht ohne besonderes Interesse für mich, der ich ja für einen hoffnungsvollen Jünger der Lehre ihres Mannes angesehen wurde ... Marx liebte seine Frau und sie teilte seine Leidenschaft. Diese Liebe bestand alle Proben eines ununterbrochenen Lebenskampfes. Ich habe selten eine so glückliche Ehe gekannt, in welcher Freud und Leid, das letztere in reichhaltigstem Maße, geteilt und aller Schmerz in dem Bewusstsein vollster gegenseitigster Angehörigkeit überwunden wurde. Ich habe auch selten eine in ihrer äußeren Erscheinung wie in ihrem Herzen und Geiste so harmonisch gestaltete Frau gekannt, die bei der ersten Begegnung so sehr für sich eingenommen hätte, wie Frau Marx. Sie war blond, ihre Kinder, damals noch klein, waren dunkelhaarig und dunkeläugig wie ihr Vater ... Frau Marx lebte in den Ideen ihres Mannes, sie ging dabei ganz und gar in der Sorge für die ihrigen auf und war doch so himmelweit von der strumpfstrickenden, den Kochlöffel rührenden deutschen Hausfrau entfernt.«

In Brüssel gesellen sich zur kleinen Jenny noch ein Schwesterchen Laura und ein Brüderchen Edgar. Aber auch dort war Marxens Bleiben nicht lange. Die revolutionäre Welle des Jahres 1848 hatte auch Belgien erfasst. Ende Feber fand eine spontane Demonstration in Brüssel statt und gab der Regierung die erwünschte Gelegenheit, die verhassten ausländischen Revoluzzer auszuweisen. In einem Brief an die Zeitung ***Reformé*** schildert Marx das schändliche Verhalten der belgischen Polizei bei dieser Gelegenheit. Sie legte, wie er sich ausdrückt, eine Brutalität an den Tag, die »man selbst in Österreich kaum wird begreifen können«. Man nahm nämlich erst Marx fest und lockte dann unter dem Vorwand, dass sie ihren Mann sprechen dürfe, auch Frau Marx zum Polizeiamt. Dort wurde sie sehr roh behandelt und unter der Anklage, sie sei eine Landstreicherin, ins Gefängnis abgeführt, wo sie in einem dunklen Raum mit Dirnen und Prostituierten gesperrt wird und während zwei Stunden den infamsten Reden und Anträgen der Gendarmen ausgesetzt ist.

Marx' Freilassung erfolgte nach 24 Stunden und er musste abreisen, ohne auch nur das Allernotwendigste mitnehmen zu können. Am 4. März fuhr Marx wieder nach Paris, einen Tag später folgte ihm seine Frau mit den drei kleinen Kindern und Lenchen, geleitet von dem treuen Stephan Born. Nur wenige Wochen sollte sie dort verweilen. Nach Deutschland trieb es jetzt die deutschen Revolutionäre. Anfangs April schon sehen wir Marx wieder in Köln, während Jenny mit den Kinderchen zu ihrer Mutter nach Trier geht.[1]

1 Verschiedene von den hier berichteten Daten bis zum Jahre 1848 verdanke ich dem wertvollen Buch **Karl und Jenny Marx** von Otto Mänchen-Helfen und Boris Nikolejewesky, das im Verlag Bücherkreis erschien. Der Verlag war so liebenswürdig, mir die Aushängebogen zur Verfügung zu stellen, wofür ihm hier bestens gedankt sei.

1848

Am 1. Juni 1848 erscheint in Köln die ***Neue Rheinische Zeitung***, der aber auch bloß eine Lebensdauer von nicht ganz einem Jahr beschieden ist. Anfangs Mai 1849 wird Marx wieder ausgewiesen und geht vorerst nach Paris. Seine Frau bleibt zurück, um die ungemein komplizierten geschäftlichen Verpflichtungen des verbotenen Blattes zu liquidieren, wobei ihr ganzes Privatvermögen mit Zuhilfenahme von Unterstützungen durch ihre Mutter und Freunde aufging. Sie schreibt am 29. Juni 1849 an eine Freundin, ihr Leben sei

> »von Sorgen, Angst und allerlei Unannehmlichkeiten ausgefüllt ... Ich ruhe hier nicht auf Rosen ... Die Sehnsucht und die Angst um meinen lieben Mann ... zu alledem noch die schweren allgemeinen Leiden, die auf unserer Partei lasten, die schwierige Lage, in die fast alle, die für die Prinzipien der neuen Welt kämpfen, momentan geraten sind ...«

London

Mit ihrer Übersiedlung nach London im Herbst 1849 beginnt die letzte Etappe des Flüchtlingslebens von Karl und Jenny Marx. Bis auf kurze Besuchsreisen in die alte Heimat hat Jenny London bis zu ihrem Tode nicht verlassen. Was ihr in diesem Exil an Not, Elend, Demütigung widerfuhr, das lässt sich kaum mit Worten schildern.

Trotzdem Marx Übermenschliches an schriftstellerischer Arbeit aller Art leistete, gelang es ihm viele Jahre nicht, auch nur soviel zu verdienen, dass die Familie vor Hunger geschützt war. Zeitweilig war alles versetzt, sogar die Kleider von Marx, so dass er nicht den täglichen Gang in die Bibliothek antreten konnte, dass er nicht Geld genug hatte, um seine Briefe zu frankieren, um die von ihm geschriebenen Artikel zu versenden. Beide Ehegatten wurden oft von

Krankheit heimgesucht und drei Kinder wurden in zartem Alter Opfer der Unterernährung und der krassen Wohnungsnot. Besonders der im Jahre 1856 erfolgte Tod des kleinen Edgar, der schon fast neun Jahre zählte, bedeutete für sie einen Schlag, den sie nie verwinden konnten.

Zum Glück war knapp, ehe der Kleine starb, ihr sechstes und letztes Kind, ein kleines Mädchen Eleanor, genannt Tussy, geboren worden, das sie einigermaßen für den Verlust entschädigte und das zum vergötterten Nesthäkchen wurde. Tussy hat den Eltern ihre Zärtlichkeit warm vergolten, ihrer Feder verdanken wir die lebendigsten Schilderungen ihres Elternhauses.

Die Zeit der größten Not nahm erst ein Ende, als der getreue Ekkhard des Hauses Marx, Friedrich Engels, in der Lage war, dem Freund nicht nur zeitweilige, sondern regelmäßige Zuwendungen zu machen. Es ist bekannt, wie Engels gegen seine Neigung, die ihn zur wissenschaftlichen Tätigkeit und Schriftstellerei trieb, als Kaufmann im »hündischen Kommerz« schuftete, um dem Freund die wissenschaftliche Arbeit zu ermöglichen. Es war ein unerhörtes Opfer des Intellekts, das Engels brachte, aber er tat es freudig in der Erkenntnis, es dem Geistesriesen Marx schuldig zu sein.

Für Frau Marx hatte Engels ebenfalls die größte Hochachtung, so wie alle, die in den Bannkreis dieser seltenen Frau traten, und das waren die Besten unter den Ungezählten, die mit ihr das Exil, »die Heimat der Guten«, teilten. Wer immer über Marx schreibt, vergisst nie hinzuzufügen, dass er ohne seine Frau nie das hätte leisten können, was er geleistet hat. Sie war ihm Trösterin und Beraterin, Helferin bei der Arbeit, Mutter und Geliebte zugleich. In aller Not ist sie nicht um Haaresbreite von ihm gewichen und sie hat ihn oft »ihr großes Kind« genannt.

Als Marx nach dem Tod seiner Mutter wieder einmal nach Trier kam, da schrieb er seiner Frau von dort, er sei täglich zum alten Westphalen-Haus gewallfahrtet,

»das mich mehr interessiert hat, als alle römischen Altertümer, weil es mich an die glückliche Jugendzeit erinnert und meinen besten Schatz barg. Außerdem fragt man mich täglich, links und rechts, nach dem einst ›schönsten Mädchen von Trier‹ und der ›Ballkönigin‹. Es ist verdammt angenehm für einen Mann, wenn seine Frau in der Phantasie einer ganzen Stadt so als ›verwunschene Prinzessin‹ fortlebt.«

Marx war sehr stolz auf die Schönheit seiner Jenny, die nach dem Zeugnis Bebels und vieler, die sie sahen, noch in späten Jahren eine schöne und stattliche Erscheinung von auffallender Vornehmheit des Äußeren war. Der Schneidergeselle Leßner, politischer Flüchtling in London, spricht in den schwärmerischsten Tönen von ihr:

»Eine große, selten schöne Frau, vornehm in der äußeren Erscheinung, dabei aber so außergewöhnlich gutmütig, liebenswürdig, geistreich und so frei von allem Stolz und jeder Steifheit, dass man sich in ihrer Umgebung wie bei seiner eigenen Mutter oder Schwester behaglich zu Hause fühlte.«

Auch Wilhelm Liebknecht berichtet dasselbe von ihr und sagt, wenn er in London nicht zugrunde gegangen, so verdanke er dies der Frau Marx, die sich seiner halb mütterlich, halb schwesterlich angenommen. »An ihr war alles natürlich und wahr, unbefangen, nichts gemachtes,« schrieb Marx von ihr 14 Tage nach ihrem Tod an seine älteste Tochter. Und was sie noch besonders auszeichnete, das war ihr sonniger Humor, ihre Lebensfreude, die sie auch im tiefsten Elend nicht verließen. Als sie am 2. Dezember 1881 einem langwierigen, schmerzhaften, von ihr aber mit Mut und Tapferkeit ertragenen Krebsleiden erlag, da sagte Engels, nun sei auch Marx gestorben. Und Engels hatte nicht Unrecht, denn die durch Krankheit ohnehin schon geschwächte Kraft von Marx war nun völlig gebrochen. Von da an war sein Leben nur mehr ein Vegetieren. Wohl versuchte er durch Reisen und Kuren seine erschütterte Gesundheit wieder herzustellen, aber es war ein vergebliches Bemühen. Der Gedanke an seine Frau verlässt ihn nicht mehr. Seinem Freund Sorge schreibt er 14 Tage nach ihrem Tod, es beginne nun endlich auch in England zu tagen. Ein Artikel von Belfort Bax bereite ihm Freude, der »von wirklichem Enthusiasmus für die neuen Ideen durchweht, sich kühn gegen das britische Philistertum aufrichtet«. Aber dabei sei das Wichtigste für ihn gewesen, dass durch dessen Lektüre am 30. November »meiner teueren Gattin die letzten Tage ihres Lebens erhellt wurden«. Und an Engels schreibt er aus Algier, drei Monate nach ihrem Tod, »dass meine Gedanken zum größten Teil in Anspruch genommen werden durch die Erinnerung an mein Weib, solch ein Stück von dem besten Teil meines Lebens«.

Der Rückblick auf diese Frau, die eine einzigartige Erscheinung in der deutschen Geisteswelt darstellt, lässt sich nicht würdiger abschließen als mit den Worten, die ihr Engels ins Grab nachrief: »Was eine solche Frau mit so scharfem, kritischen Verstand, mit solch politischem Takt, mit solcher Energie und Leidenschaft des Charakters, mit solcher Hingabe für die Kampfgenossen in der Bewegung während fast vierzig Jahren geleistet ... das muss man selbst miterlebt haben, aber das weiß ich, wenn die Frauen der Kommune-Flüchtlinge noch oft ihrer gedenken werden, so werden wir andern noch oft genug ihren kühnen und klugen Rat vermissen: Kühn ohne Prahlerei, klug ohne der Ehre etwas zu vergeben.«

Und nach dieser Würdigung der politischen Eigenschaften dieser seltenen Frau sprach er noch folgende wenige Worte, durch die ihr Wesen voll und ganz charakterisiert ist:

> »Wenn es je eine Frau gegeben, die ihr größtes Glück darein gesetzt hat, andere glücklich zu machen, so war es diese Frau.«

Ihre Tochter Tussy hat wohl recht, wenn sie von ihrer Mutter als dem Ideal eines Weibes spricht.

Oda Olberg

(1872 – 1955)

Quelle: »Oda Olberg«, in: ***Frauenwelt***, Heft 24, November 1932, S. 561–562.

In Wien wurde kürzlich im Kreis der Sozialdemokratischen Partei der 60. Geburtstag der Genossin Oda Olberg gefeiert. Doch weit über diese Stadt hinaus, wo sie jetzt als Redakteurin der ***Arbeiter-Zeitung*** wirkt, ist ihr Name bekannt und geehrt als der einer der mutigsten Vorkämpferinnen für den sozialistischen Gedanken.

In Norddeutschland geboren, auf Schweizer Boden aufgewachsen, entstammt sie einer Gesellschaftsschicht, aus der auch heute noch kaum ein Gesinnungsgenosse zu uns stößt, geschweige denn vor 60 Jahren. Ihr Vater war ein hoher Marineoffizier gewesen, doch ebenso wie ihre Mutter frei von jedem Standesdünkel und Vorurteil. So konnte sich Odas große Begabung ungehindert entfalten. Ihre Warmherzigkeit und Hilfsbereitschaft wies sie auf den medizinischen Beruf, doch wurde sie vorerst Krankenschwester. Als sie in Leipzig auf die Universität ging, geriet sie in Kreise sozialistischer Studenten, wodurch sie auf das Gebiet der Nationalökonomie und der Soziologie gedrängt wurde. Sie begann, die Welt in einem neuen Licht zu sehen und erblickte nun das Elend und die Not der arbeitenden Klassen.

Für deren Befreiung zu kämpfen, wurde von Stund an ihr Lebenszweck. Sie machte eingehende Erhebungen über die Verhältnisse der Heimarbeiterinnen, suchte diese armen Sklavinnen in ihren Elendsquartieren auf und legte im Jahre 1893 die Frucht dieser Studien in einem Buch nieder **Über die Lage der Konfektionsarbeiterinnen**, das großes und verdientes Aufsehen erregte und ihren Ruf in der deutschen Sozialdemokratischen Partei begründete. August Bebel zollte der jugendlichen Verfasserin uneingeschränktes Lob.

Krankheit zwingt sie, nach Italien zu gehen, sie schließt sich dort der sozialistischen Partei an und heiratet 1896 einen italienischen Genossen, den Redner und Agitator Giovanni Lerda. 1898 muss sie mit ihm in die Schweiz fliehen. Nach erfolgter Amnestie lässt sich das Ehepaar in Pegli, Provinz Genua, nieder. Bald jedoch wird Oda nach Rom an das italienische Parteiorgan ***Avanti*** (Vorwärts) als Auslandsredakteur berufen. In dieser Stellung, die sie drei Jahre lang bekleidet, tritt sie in Verbindung mit der sozialistischen Presse der ganzen Internationale, wird zur geschätzten Korrespondentin zahlreicher Blätter und Mitarbeiterin vieler politischer und wissenschaftlicher Zeitschriften.

Im Jahre 1902 erscheint ein Buch aus ihrer Feder, **Das Weib und der Intellectualismus** als Streitschrift gegen das Werk von Professor Möbius, betitelt **Über den physiologischen Schwachsinn des Weibes**. Hätte Oda Olberg sonst nichts als dieses ausgezeichnete Werk geschrieben, so verdiente ihr Name dennoch mit goldenen Lettern in die Geschichte der Frauenbewegung eingezeichnet zu werden.

Diese Schrift war zu Beginn des Jahrhunderts eine Tat. Sie war nicht nur eine Fundgrube für alle Rednerinnen unserer Partei, darüber hinaus bildete sie das Arsenal, aus dem sich alle Kämpferinnen für die Frauenbewegung ihre besten Waffen holten. Noch heute nach dreißig Jahren ist dieses Buch aktuell oder besser gesagt, es ist wieder aktuell geworden in unserer Zeit, wo die Reaktion die Frau wieder zurückverweisen möchte in Küche, Kirche und Kinderstube und ihr aufs Neue streitig macht, sich öffentlich, sei es politisch, sei es wissenschaftlich zu betätigen. Der Krieg setzte der journalistischen Tätigkeit Odas ein jähes Ende. Der Verkehr mit dem Ausland wurde gewaltsam unterbrochen, schwere Zeiten brachen für sie herein. Um zwei Söhne an der Front bangend, musste sie, um den greisen Gatten und die beiden jungen Töchter über Wasser zu halten, wieder zu ihrem Mädchenberuf greifen und Krankenschwester werden. Noch Schlimmeres aber brachte ihr die Nachkriegszeit. Sie musste mit erleben, wie der Faschismus die stolze italienische Partei zerschlug, an der sie mit allen Fasern hing, wie er die Meinungs-, die Rede-, die Pressefreiheit knebelte, wie rings um sie die Genossen, die Freunde verbannt, eingekerkert, ja getötet wurden. Sie selbst, die viele Jahre diesem Treiben mutig die Stirn bot, wurde auf Schritt und Tritt bespitzelt, ihre Korrespondenz durchschnüffelt, konfisziert oder ihr unterschlagen, ihr Haus mehrmals überfallen, ihr Mobiliar verwüstet und verbrannt, sie mit ihren Angehörigen an Leib und Leben bedroht.

An regelmäßige publizistische Arbeit war unter solchen Verhältnissen nicht zu denken. Auch als sie ihr Häuschen in Rom verließ und nach Turin zu Verwandten ihres Mannes übersiedelte, blieben ihr die Verfolger auf den Fersen. Da, als ihr der treue Lebensgefährte starb, sann sie auf Flucht, um in einem freien Lande wieder die Freiheit dienen zu können. Und wie durch ein Wunder gelang es ihr, den Häschern zu entgehen und sich nach Südamerika einzuschiffen, von wo sie ein halbes Jahr später nach Deutschland reisen konnte.

Seit vier Jahren wirkt sie in Wien als Redakteurin an der ***Arbeiter-Zeitung***. Eine umfassende Bildung befähigt sie, sich auf den verschiedensten Gebieten zu betätigen. Ob sie über parteipolitische, medizinische, rechtliche, literarische Fragen schreibt, überall weiß sie dem Leser neue, originelle Gedanken in formvollendeter Sprache vorzutragen. Und was ihren Stil zu einem besonders köstlichen macht, das ist ihr goldener Humor, der sich dem Gegner gegenüber oft zu beißendem Sarkasmus steigert. Sie hat neben ihrer journalistischen Tätigkeit immer noch Zeit zu wissenschaftlicher Arbeit gefunden, so hat sie z.B. ein Werk über »Die Entartung in ihrer Kulturbedingtheit« veröffentlicht. Eine scharfsinnige Studie über den Faschismus und jüngst eine ausgezeichnete Schrift über den Nationalsozialismus entstammen gleichfalls ihrer Feder.

So wirkt sie unermüdlich im Dienst des Sozialismus, dem sie ihr Leben geweiht.

Und wenn es einen Menschen gibt, der den Sozialismus nicht nur lehrt, sondern auch in seinem Wesen verkörpert, so ist es Oda Olberg.

Ein warmer belebender Hauch von Güte, von Menschenliebe, von Ritterlichkeit geht von dieser Frau aus, dem keiner sich entziehen kann, der in ihren Bannkreis tritt. Mit vollen Händen spendet sie von den Gaben ihres Geistes, ihres Herzens am liebsten denen, die zu den Erniedrigten und Gedemütigten des Schicksals gehören, armen Flüchtlingen, Arbeitslosen, Schwachen und Kranken. Und dieses Wirken, das nie nach Dank fragt, das seinen Lohn in sich selbst trägt, verleiht ihrem Wesen jene Harmonie, die nur wenigen Auserwählten eignet. Wir können stolz und glücklich sein, Oda Olberg die Unsrige nennen zu dürfen.

Evstolia Ragozinnikowa

(1886 - 1907)

Quelle: »Zwei Märtyrerinnen im russischen Freiheitskampf«, in: ***Die Gleichheit. Zeitschrift für die Interessen der Arbeiterinnen***, 18. Jg. (1908), Nr. 4., 17. Februar 1908, S. 30.

Unter dem Titel »Zaristische Verbrechen« bringt die letzte Nummer der in Paris erscheinenden ***Tribune Russe*** (Russische Tribüne) die Nachricht von dem Tod durch Henkershand, den erst jüngst wieder zwei tapfere Kämpferinnen als Opfer des Zarismus erlitten.

[...]

Das zweite Todesopfer des Zarismus war Evstolia Ragozinnikowa. Sie tötete den Chef der Gefängnisverwaltung für ganz Russland, Maximowski, und wurde dafür auf Befehl des Zaren selbst hingerichtet. Es ist bekannt, dass Maximowski die Tortur in den russischen Gefängnissen einführte. Dem Attentat auf ihn war eine lange Reihe ähnlicher Verzweiflungsakte vorangegangen. Die Rächerin Ragozinnikowa erklärte vor Gericht, sie sei Mitglied der »Partei der revolutionären Sozialisten« und spezielles Mitglied ihrer nördlichen Kampfabteilung. Sie weigerte sich, sich zu verteidigen, und hörte lächelnd ihr Todesurteil an. Bei ihrer Festnahme fand man ein Paket Dynamit und eine Höllenmaschine um ihren Leib gebunden. Wäre diese explodiert, so hätte sie das ganze Gebäude der Sicherheitspolizei, wo Maximowski getötet worden war, in die Luft sprengen können.

In einem an ihre politischen Freunde gerichteten Briefe sagt die Ragozinnikowa, nur der Gedanke und die Befürchtung, unschuldige Opfer mit in das Verderben zu reißen, habe sie an der Ausführung ihres Planes gehindert.

Aus dem Briefe, den die Freiheitskämpferin vor dem Tode durch Henkershand an ihre Mutter und ihre Patin schrieb, teilen wir folgende Zeilen mit.

»Meine Guten, Geliebten! Sicherlich seid Ihr entsetzt bei dem Gedanken – nein, es ist ja kein Gedanke mehr, es ist Tatsache geworden –, dass Eure Tola einen Menschen tötete. Sagt man, ›ein Mensch‹, so fühlt man, wie das Herz warm wird und sich dem Menschen zuwendet. Aber er – nein –, er war kein ›Mensch‹. Er war ein Teil jener Werkzeuge, die nur dazu dienen, die Menschen auszurotten, ihr Leben zu vergiften. ... Und je mehr wir von diesen Werkzeugen beseitigen, desto eher wird die Maschine zusammenbrechen oder wenigstens wird ihr Gang inzwischen verlangsamt werden. Meine geliebte Mutter und auch Du, teure Patin, Ihr, die Ihr so gut seid, sagt: Kann man denjenigen einen Menschen nennen, der ruhig zusieht, wie man einen anderen foltert oder tötet, oder der befiehlt, das zu tun? Sagt, wie muss man den nennen, der das tut? Ich sage, er ist ein wildes Tier und muss wie ein solches vernichtet werden. Und weil es sein muss, so gehe ich hin und töte ihn. Ach, meine Geliebten, sagt, kann man mich beweinen? Ich hätte Euch doch kein Glück gebracht, selbst wenn ich gewollt hätte und am Leben geblieben wäre. Seht doch, wie meine Augen leuchten und freudig erglänzen! Also lächelt mir zu und umarmt mich, verzeiht Eurer Tola! Sie hat Euch sehr geliebt, dann aber begann sie, alle Menschen zu lieben und hat sich für sie dahin gegeben. ...«

Die russische Regierung vermag nicht, diesen Heldinnen ein Beispiel von gleichem Mut, von gleicher Tapferkeit, von gleichen persönlichen und politischen Tugenden gegenüberzustellen. Nicht einer unter ihren Schergen kann sich an

Seelengröße mit diesen beiden Mädchen messen. Wessen Herz für die Freiheit glüht, dem müssen die Worte der Hingemordeten Tränen der tiefsten Rührung in die Augen treiben, dem muss das Herz höher schlagen vor Begeisterung darüber, dass die Hingabe an die Idee, der auch er dient, einen solchen Mut, eine solche Aufopferung zu erzeugen vermag. Eine Idee, die zu Hunderten und Tausenden Helden und Märtyrer erstehen lässt wie die revolutionären Sozialistinnen Frumkina und Ragozinnikowa, muss siegen. Mag ihr Beispiel die proletarischen Frauen begeistern und mit Mut erfüllen für den langen, zähen Kampf, den sie unter anderen Umständen und mit anderen Mitteln für die Befreiung der Menschheit von Ausbeutung und Knechtschaft führen.

Wera Sassulitsch

(1849 - 1919)

Quelle: »Erinnerungen und Gestalten aus der Internationale«, in: **Handbuch der Frauenarbeit in Österreich.** Herausgegeben von der Kammer für Arbeiter und Angestellte in Wien, Wien (Kammer für Arbeiter und Angestellte) 1930, S. 618–642.

Im Jahre 1893 beim Züricher Internationalen Sozialistenkongress ward mir das außerordentliche Glück zuteil, in persönlichen Kontakt mit einer jener Gestalten zu treten, die für mich bis zu jener Zeit von einem fast unwirklichen Glorienschein des revolutionären Heldentums umgeben waren. Ich sollte Wera Iwanowna Sassulitsch kennenlernen! Ich entsinne mich noch des Gefühls der scheuen Ehrfurcht, mit der ich sie anfangs ängstlich betrachtete. Wie kam ich mir klein und unwürdig vor, neben dieser Frau, die das Unerhörte gewagt hatte, auf Trepoff, den berüchtigten zaristischen General zu schießen. Buchstäblich zollte ihr damals die ganze zivilisierte Welt Bewunderung und Ehrerbietung, vor ihrer mutigen Tat beugte sich selbst ein zaristischer Staatsanwalt, so dass er in ihrem Attentatsprozess sich deshalb rechtfertigen zu müssen glaubte, dass er als Ankläger gegen Wera Sassulitsch und nicht gegen ihr »Opfer«, den General Trepoff, auftrete.

Dieser Prozess, den die Justizbehörde vor einem Geschworenengericht in Petersburg führen ließ, weil sie vor diesem Forum einer Verurteilung sicher zu sein glaubte und sich davon eine um so größere Wirkung auf die öffentliche Meinung versprach, löste jedoch eine ganz gegenteilige Stimmung aus.

Die einfache ungeschminkte Erzählung von den Gräueln des Gefängnislebens, die die junge Angeklagte am eigenen Leib schon wiederholt erfahren hatte, die innere Wahrhaftigkeit, mit der sie ihre Tat rechtfertigte, die Selbstlosigkeit, mit der sie die Misshandlung eines ihr völlig Unbekannten an dessen Peiniger rächte, riefen bei den Gerichtspersonen, bei den Geschworenen und beim Publikum gleichermaßen Bewunderung hervor. Der Staatsanwalt sah sich veranlasst, zu erklären, dass er nicht an der Lauterkeit der Motive zweifle, die Wera Sassulitsch zu dem Attentat auf Trepoff getrieben. Der Verteidiger nannte die Rede des Staatsanwaltes »edel und gemäßigt« und die Geschworenen sprachen die Angeklagte einstimmig frei, trotzdem sie sich unumwunden zu ihrer »Schuld« bekannt hatte. Sie wurde sofort auf freien Fuß gesetzt und vom Publikum auf Händen aus dem Gerichtssaal getragen. Wohl lauerten in der nächsten Straße schon Gendarmen, die sich ihrer mit Gewalt wieder bemächtigen wollten, aber die begeisterte Menge ließ keinen der Häscher an sie heran und es gelang Wera im Gedränge unterzutauchen und zu entkommen. Einige Wochen hielt sie sich bei angesehenen liberalen Intelligenzlern verborgen und dann wurde sie, begleitet von revolutionären Freunden, ins Ausland gebracht. Unter ihren damaligen Begleitern befand sich auch der Revolutionär Demetrius Klemenz, der später ein bekannter Gelehrter und unter Alexander III. Leiter des Ethnographischen Museums in Petersburg wurde.

Als Wera Sassulitsch das Attentat auf den Petersburger Stadthauptmann, General Trepoff verübte, war sie 27 Jahre alt. Sie entstammte einer verarmten, altadeligen Familie. Ihr Vater war Militärbeamter und besaß ein kleines Gütchen im Gouvernement Smolensk. Da die Familie sehr kinderreich war –

6 Söhne und 5 Töchter – so lebte sie sehr ärmlich. Drei von den Töchtern der Familie – Ekatarina, Alexandra und Wera – schlossen sich der revolutionären Bewegung an. Alexandra vermählte sich mit dem Revolutionär Uspenski, der in dem sogenannten Netschajew-Prozess eine hervorragende Rolle gespielt hat. Netschajew war ein Schüler und Anhänger Bakunins, der das Leben vieler ehrlicher Revolutionäre auf dem Gewissen hat. Über ihn und seine Missetaten existiert eine ganze Literatur. In seinem Werk **Ein Komplott gegen die internationale Arbeiterassoziation** widmet ihm Marx ein ganzes Kapitel, worin er Netschajews gewissenlose Handlungsweise brandmarkte. Von den Revolutionären, an deren Spitze er sich stellte, forderte er das Äußerste an Unmenschlichkeit und Blutvergießen. Als sich der Student Iwanow seinen Anordnungen widersetzte, ließ er ihn von seinen Mitverschworenen durch Mord aus dem Weg räumen. Die Tat und ihre Vollbringer wurden entdeckt und der ganzen Verschwörergesellschaft wurde bei dieser Gelegenheit der Prozess gemacht. 87 Personen kamen dadurch vor Gericht. Der Anstifter Netschajew war in die Schweiz entflohen. Dort lebte er, von allen Emigranten gemieden, etwa ein Jahr lang ein trauriges Leben, bis er als gemeiner Verbrecher von den Schweizer Behörden an Russland ausgeliefert und dort zu lebenslänglichem Kerker verurteilt wurde. Uspenski und seine Gefährten wurden zu Zwangsarbeit verurteilt und nach Sibirien verschickt. Uspenski starb dort im Zuchthaus, seine Witwe Alexandra kehrte nach Russland zurück, um aufs Neue der Sache der Revolution zu dienen.

Die im Jahre 1849 geborene Wera wurde in einem Pensionat in Moskau erzogen. Nach Beendigung der Schule ging sie als Arbeiterin in eine genossenschaftliche Buchbinderei. Als Handarbeiterin zu wirken, war zu jener Zeit bei der intelligenten radikalen Jugend sehr beliebt. Später ging sie an die Universität und machte ihr Examen als Privatlehrerin.

In den schon erwähnten Netschajew-Prozess war sie ebenfalls verwickelt, und zwar wurde sie unter der Beschuldigung verhaftet, dass sie die Deckadresse für Netschajews Korrespondenz mit dem Ausland abgegeben habe. Zwei volle Jahre saß die Achtzehnjährige in Untersuchungshaft, dann wurde sie freigesprochen. Nach ihrer Freilassung wurde sie unter Polizeiaufsicht gestellt, lebte anfangs in Twer, dann in einem ganz kleinen Nest, Soligalitsch, im Gouvernement Kostroma. Endlich gelingt es ihr nach der Universitätsstadt Charkow zu kommen, wo sie sich, obgleich immer noch unter Polizeiaufsicht, der im Süden Russlands wirkenden revolutionären Gruppe der Bakunisten anschließt.

Sie arbeitet mit ihnen an der Propaganda unter den Bauern zum Zwecke der Vorbereitung von Bauernaufständen und nimmt im Sommer 1877 teil an der Tschigiriner Verschwörung, die von den Revolutionären Stefanowitsch und Leo Deutsch unter den Bauern des Tschigiriner Distrikts organisiert wurde. Sie entgeht der Verhaftung, von der fast sämtliche Teilnehmer des Komplotts ereilt werden und entkommt nach Petersburg. Dort trägt sich nun bald darauf das für ihr Leben entscheidende Ereignis zu.

Der wegen seiner Rohheit berüchtigte Stadthauptmann, General Trepoff, hatte von jeher die politischen Gefangenen aufs Gröblichste beschimpft, ihre Menschenwürde mit Füßen getreten und sie körperlich und seelisch misshandelt. Trepoff war eines Tages ins Petersburger Gefängnis gekommen und hatte dort den Revolutionär Bogoljubow, weil dieser sich weigerte, die Mütze vor ihm zu ziehen, aufs Grausamste peitschen lassen. Als die Einzelheiten dieser Exekution bekannt wurden, bemächtigte sich der revolutionären Jugend Russlands ungeheure Erregung. Aus Odessa eilte eine Gruppe junger Leute herbei und begann Trepoff auszuspähen, um ihn zu ermorden. Wera Sassulitsch war ganz unabhängig von ihnen zu demselben Entschluss gekommen, denn auch in ihren Augen konnte nur der Tod Trepoffs die Untaten sühnen, die er an den politischen Gefangenen begangen hatte. Die Schändung Bogoljubows, den Wera, wie schon erwähnt, gar nicht persönlich kannte, hatte das Maß seiner Sünden voll gemacht.

Am 28. Jänner 1878 ließ sie sich als Bittstellerin bei Trepoff melden, und während er ihr Gesuch entgegennahm, drückte sie den Revolver auf ihn ab und verwundete ihn schwer. Dann warf sie die Waffe zu Boden und ließ sich ruhig gefangen nehmen. Ihr Verhalten vor Gericht den Verlauf der Verhandlung, die am 1. April stattfand, habe ich eingangs schon geschildert.

Der Schuss auf Trepoff war das erste Attentat der terroristischen Bewegung in Russland. Es erregte ungeheures Aufsehen dort und allerorten. Eine ganze Reihe anderer Terrorakte sollte ihm folgen.

Wera Sassulitsch wurde nach ihrer Flucht in der Schweiz als Heldin empfangen. In ganz Westeuropa wurde das Attentat verherrlicht, nicht nur von der sozialistischen, sondern auch von der demokratischen Presse. Der französische linksstehende Publizist Henry Rochefort berichtet in seinen Erinnerungen über den gewaltigen Eindruck dieser Tat. Wera Sassulitsch aber fühlte sich bei dieser Verherrlichung durchaus nicht wohl und ging jeder Ehrung ängstlich aus dem Wege. Sie hielt es auch nicht lange in der Schweiz aus und kehrte schon 1879 wieder nach Russland zurück.

Dort fand sie die revolutionäre Partei in große prinzipielle und taktische Differenzen verwickelt und im Begriffe sich zu spalten. Die Ursache dieser tiefgehenden Meinungsverschiedenheiten lag darin, dass ein Teil der Partei für die Einführung des systematischen Terrors war, das heißt für die Methode der gewaltsamen Beseitigung des Zaren und der höheren Beamten. Von Wera Sassulitsch, der Pionierin dieser Methode, erwartete der terroristisch gesinnte Teil der Revolutionäre tatkräftige Unterstützung. Aber dieselbe Wera, die in edler Selbstentäußerung bei dem Schuss auf Trepoff ihr eigenes Leben ohne Bedenken aufs Spiel gesetzt hatte, sah nun in ihrer Gewissenhaftigkeit die aus solchen Schritten für die Bewegung entstehenden Gefahren so klar voraus, dass sie sich entschieden gegen die Anwendung weiterer Terroraktionen wandte. Sie wusste, dass dieser Weg zur Absonderung vereinzelter Terroristen von der Massenbewegung führen musste und das erschien ihr als höchst verderblich. Darum beschloss sie, sich zu jener Gruppe der Revolutionäre zu gesellen, deren Ziel nicht der Terror, sondern die Aufklärungsarbeit und die revolutionäre Propaganda unter den Arbeitern und Bauern war und an deren Spitze die Genossen Paul Axelrod, Georg Plechanow und Leo Deutsch standen. Sie kamen später zum Marxismus.

In dem Kongress, der von beiden Richtungen beschickt, am 15. August 1879 in Petersburg stattfand, vollzog sich faktisch die Spaltung in der bisher gemeinsam arbeitenden Gesellschaft »Land und Freiheit«. Es bildete sich die politisch-terroristische Partei nach ihrem Organ ***Narodnaja Wolja*** (Volkswille) die »Narodowoljzy« genannt und die sozialistische revolutionär-agitatorische Partei, die nach ihrer Zeitung ***Tschernyj Peredel*** (»Schwarze Umteilung«, das heißt die allgemeine abermalige Teilung des Bodens, »der schwarzen Erde«), die »Tschernyperedjelzy« oder kurz »Narodniki« (Volksparteiler) hießen. Der Bruch erfolgte in freundschaftlicher Weise, beide Teile schieden voneinander ohne Feindseligkeit und mit dem Versprechen gegenseitiger Unterstützung, ein Versprechen, das sie später auch hielten.

Nach den von den Terroristen in rascher Folge verübten Attentaten setzten vonseiten der Regierung derartige Verfolgungen und Massenverhaftungen ein, dass an ein erfolgreiches Arbeiten durch Aufklärung, Propaganda und Organisation nicht zu denken war. Die Führer des »Tschernyj Peredels« sahen sich daher gezwungen, Russland zu verlassen. Mit ihnen kam Wera Sassulitsch zum zweiten Mal in die Schweiz. Dieses Mal sollte ihre Emigration von längerer Dauer sein als das erste Mal. Volle 25 Jahre sollte sie mit einer einzigen kurzen Unterbrechung fern von Russland verleben.

Diese Jahre bedeuteten besonders im Anfang für die aktive, temperamentvolle Natur von Wera Sassulitsch harte Geduldsproben, die sie oft kaum zu ertragen vermochte.

> »Wenn solche Stimmungen, die sonst Freundliche und Umgängliche überfallen, so wird sie zerstreut, meidet alle Gesellschaft, selbst die ihrer liebsten Freunde, geht stundenlang schweigend, in ihre traurigen Gedanken versunken, im Zimmer auf und ab oder flieht dorthin, wo allein ihr verdüstertes Gemüt sich langsam beruhigt: in die Natur, in die Berge der Schweiz oder ans Seeufer, wo sie einsam oft ganze Nächte verbringt.«

Eine ihrer besten Freundinnen sagte von Wera, als sie sie wenige Wochen nach ihrer Freisprechung sah:

> »Wera möchte am liebsten jeden Tag, oder doch wenigstens jede Woche einen Trepoff erschießen. Und weil sie das nicht kann, so grämt sie sich!«

Und in der Tat sagte Wera selbst, dass ihre Freisprechung kein Gefühl der Freude in ihr ausgelöst habe, sondern zuerst nur eines des größten Erstaunens und dann eines tiefer Traurigkeit. Erst konnte sie sich selbst über dieses Gefühl nicht klar werden, später aber lernte sie es begreifen.

> »Wäre ich verurteilt worden, so hätte eine höhere Macht mich verhindert etwas zu tun, und ich hätte mich dabei beruhigt, alles für die Sache getan zu haben, was in meiner Macht stand. Und das wäre ein Trost für mich gewesen.....«

Diese kleine Bemerkung kennzeichnet ganz Wera Sassulitschs Charakter, dessen hervorstechendster Zug ein Durst nach befreienden Taten ist, der aber nicht etwa persönlichem Ehrgeiz, sondern dem höchsten Idealismus entspringt. Sie fühlt, dass ihre Hingebung an die Idee des Sozialismus, der ihr von frühester Jugend an als hehrstes Ziel vorschwebt, ihr Pflichten auferlege, von einer solchen Größe, dass ihr daneben alles klein erscheint, was sie tatsächlich leistet. Und doch hat sie auch in den Jahren des Exils Großes und Bleibendes für die Arbeiterklasse geschaffen.

Durch intensives Studium entwickelte sie sich in der Schule Axelrods und Plechanows zur durchgebildeten Marxistin. Trotzdem die Lage der ersten russischen sozialdemokratischen Emigration eine sehr schwierige war und sie einen harten Kampf ums Dasein führen musste, gelingt es ihrer Gruppe doch, unter den größten materiellen Entbehrungen eine ganze Reihe theoretisch-propagandistischer Broschüren erscheinen zu lassen. Wera tritt dabei sowohl als Übersetzerin, wie auch als selbständige Verfasserin auf dem Gebiet der Theorie und der Geschichte der Arbeiterbewegung auf. So zum Beispiel übersetzt sie **Das Elend der Philosophie** von Marx und **Die Entwicklung des Sozialismus von der Utopie zur Wissenschaft** von Engels. Dann veröffentlicht sie eine Skizze über die erste Internationale. Ein Problem, das sie sehr beschäftigt, ist das Verhältnis zwischen den revolutionären Intellektuellen und der gesamten Arbeiterbewegung in Russland. Sie schreibt darüber eine Abhandlung, betitelt »Revolutionäre aus Bourgeoiskreisen«. Diese Studien führen sie zu Forschungen über ähnliche Verhältnisse im vormärzlichen Deutschland. Die Ideologien jener Zeit erregen ihr besonderes Interesse, das sich in der Folge den großen französischen Denkern des 18. Jahrhunderts zuwendet. Sie erwärmt sich ganz besonders für die Enzyklopädisten, für Voltaire und Rousseau. Über diese beiden Letzteren verfasste sie so gründliche Arbeiten, dass sie, wenn auch von der Zensur stark verstümmelt, sogar in Russland veröffentlicht wurden. Leider sind diese wertvollen Studien, von denen nach Ausspruch von Fachgelehrten, besonders die über Rousseau bleibenden Wert hat, uns deutschen Lesern nicht zugänglich.

Bis zum Jahre 1894 lebte Wera Sassulitsch in der Schweiz oder an deren Grenze im französischen Teil Savoyens. 1894 wurde sie dort von der französischen Polizei verhaftet und zog es daher vor, nach London zu übersiedeln, wo sie bis 1897 lebte und viel mit Engels während seiner letzten Lebensjahre verkehrte. Von 1897 an war sie wieder in Zürich.

Ende der Neunzigerjahre entstanden scharfe prinzipielle Differenzen zwischen den alten Führern und Teilen der sozialdemokratischen Jugend Russlands. Wera Sassulitsch fühlte sich von diesen Reibungen sehr bedrückt, wie denn überhaupt ihre Nerven auf jede Aufregung krankhaft reagierten, was wohl hauptsächlich eine Folge ihrer großen Vereinsamung war. N. K. Krupskaja, Lenins Witwe, schreibt darüber in ihren jüngst erschienenen **Erinnerungen an Lenin**: »Von allen Mitgliedern der Gruppe, ›der Befreiung der Arbeit‹, fühlte sich Wera lwanowna am einsamsten. Plechanow und Axelrod hatten immerhin ihre Familien. Wera lwanowna sprach so manches Mal von ihrer Einsamkeit: ›Ich habe gar niemanden auf der Welt‹ und dann verdeckte sie die Bitterkeit ihrer Gefühle gleich mit einem Scherz: ›Ich weiß ja, ihr liebt mich, aber wenn ich sterbe, werdet Ihr doch höchstens eine Tasse Tee weniger trinken‹.«

Die innerparteilichen Differenzen verursachten ihr große Pein, die durch die ihr aufgezwungene Untätigkeit noch verschärft wurde. In dieser verzweifelten Stimmung fasste sie den Entschluss, illegal nach Russland zu fahren, um dort an Ort und Stelle sich von der Lage der Partei zu überzeugen, die Praxis der jetzigen dortigen Führer und ihrer Arbeit in der sozialdemokratischen Bewegung aus eigener Anschauung kennen zu lernen. Obwohl sie zu allen Zeiten an schrecklichem Heimweh nach Russland litt, so war sie zu stolz, diese Schwäche einzugestehen und pflegte sich selbst zu ironisieren: Sie reise nicht um dort zu arbeiten, sondern nur »um mal zu sehen wie der Bauer jetzt aussieht, was für eine Nase er jetzt hat«.

Mit dem Pass einer bulgarischen Genossin kam sie nach Petersburg, wo sie sich einen Winter lang aufhielt und mit einer Gruppe junger sozialdemokratischer Literaten Potressoff, Lenin, Martow – in Verbindung trat. Diese jungen Leute trugen sich, eben aus der sibirischen Verbannung zurückgekehrt, mit dem Plan der Herausgabe eines Kampforgans der Sozialdemokratie.

Durch die Vermittlung von Wera Sassulitsch traten diese jungen Literaten in Beziehungen zu den alten Führern und gründeten kurz darauf gemeinsam mit ihnen jenes Blatt, das in der Geschichte der russischen Sozialdemokratie eine so hervorragende Rolle spielen sollte: Die ***Iskra***, zu deutsch »Der Funke«. Wera Sassulitsch, die sich das Hauptverdienst um die Gründung des Blattes erworben, wurde dessen Redaktionsmitglied und fleißige Mitarbeiterin. »Sie fühlte, dass die Iskra ein Stück Russland war und klammerte sich krampfhaft daran« schreibt die Krupskaja.

Als sich die russische Partei im Jahre 1903 von Neuem spaltete, schloss sich Wera den Menschewiki an und blieb Menschewistin bis zu ihrem Ende. Die Revolution von 1905 gab ihr die Möglichkeit, legal nach Russland zurückzukehren. Sie wurde dort mit Begeisterung von den Genossen empfangen und der »Arbeiterrat« von Petersburg brachte ihr stürmische Huldigungen dar. Von jetzt ab blieb sie in Petersburg in steter Verbindung mit der menschewistischen Organisation und an deren literarischen Unternehmungen stets lebhaft beteiligt. Aktiv konnte sie sich aber nicht mehr in der Bewegung betätigen, da sie schon sehr kränkelte. Während der Kriegsjahre schloss sie sich dem Flügel der Partei an, der den Standpunkt der Notwendigkeit der Landesverteidigung verfocht. Nach der Revolution von 1917 trat sie in die Gruppe Plechanows »Jedinstwo« (Einigkeit) ein. Sie war von Anfang an eine scharfe Gegnerin der bolschewistischen Umwälzungsmethoden und blieb bis zum letzten Atemzug eine unversöhnliche Gegnerin der Bolschewiki. Ihre letzten Lebensjahre verbrachte sie in großer Not und hat im vollen Sinn des Wortes oft gehungert. Diese Entbehrungen im Verein mit ihren seelischen Kümmernissen beschleunigten ihren Tod. Im März 1919 ist Wera Sassulitsch gestorben.

Es leben nicht mehr viel von jenen, mit denen sie Seite an Seite gekämpft und gestritten hat. Aber die Generation der russischen Revolutionäre, die ihre Erziehung zu Kämpfern nicht nur Marx und Engels, Axelrod und Plechanow, sondern auch Wera Sassulitsch verdanken, bewahrt ihr ein treues Andenken. Viele von ihnen haben als junge Menschen sie noch gekannt und erinnern sich ihrer mit Verehrung und Rührung.

Sie war ein Muster von Bescheidenheit und Zurückhaltung und nur, wenn wissenschaftliche, theoretische oder Parteifragen erörtert wurden, ging sie aus sich heraus und beteiligte sich mit leidenschaftlichem Interesse und großer Sachkenntnis an der Diskussion.

Als ich sie 1893 kennenlernte, kam sie mir sehr freundlich entgegen, so dass meine Befangenheit rasch schwand. Um so mehr als ihr Benehmen ganz einfach, schlicht und weit entfernt von jeder Pose war. Sie war groß und kräftig, ihre Züge verrieten nichts Außergewöhnliches, nur in ihren wunderschönen dunklen Augen spiegelte sich ihre jeweilige Stimmung getreu wider. Auf ihre äußere Erscheinung gab sie gar nichts, und war meist recht nachlässig gekleidet. Ich entsinne mich einer für sie bezeichnenden Episode aus dem Jahre 1905, wo sie auf der Reise durch Berlin nach Petersburg sich einige Wochen bei uns aufhielt. Als ich ihr Zimmer betrat, sah ich sie über den Tisch gebeugt, eifrig mit Nadel und Schere hantieren. Auf dem Tisch befand sich doppelt übereinandergelegt irgendein heller Stoff, in den oben und zu beiden Seiten je ein halbkreisförmiges Loch geschnitten war. Als sie meinen fragenden Blick bemerkte, erklärte sie mir eifrig, dass sie an einer Bluse für sich arbeite und dass sie ihre Blusen stets so fabriziere:

> »Ein Loch, um den Kopf, zwei, um die Arme durchzustecken, an den Seiten zusammennähen, das gibt eine prachtvolle, praktische Toilette ...«

Sie schien von ihrer Kunst sehr befriedigt und erzählte mir noch bei dieser Gelegenheit, dass es nichts Besseres zur Entspannung ihrer Nerven für sie gäbe, als derartige mechanische Beschäftigungen. Ebenso anspruchslos war sie in bezug auf ihre Nahrung, deren Zubereitung sie auch gerne selbst besorgte. In den schon erwähnten Erinnerungen schildert die Krupskaja anschaulich Wera

Sassulitschs Lebens- und Arbeitsweise. Sie zitiert dort unter anderem folgenden Ausspruch Weras:

> »Als ich in England lebte, fiel es einmal englischen Damen ein, sich mit mir zu unterhalten. Wie lange pflegen Sie Fleisch zu braten? Je nachdem, antwortete ich, wenn ich hungrig bin, brate ich es nur zehn Minuten, wenn nicht – drei Stunden, na, die haben nicht weiter gefragt.«

Und tatsächlich, bemerkt Krupskaja, habe sie beobachtet, dass Wera, als sie einmal auf dem Petroleumkocher Fleisch für sich briet, mit der Schere Stückchen davon abschnitt und sie gleich verzehrte. Eva Broido erzählt in ihrem Buch Wetterleuchten der Revolution gleichfalls charakteristische Züge von der Lebensweise der Sassulitsch:

> »Sie wohnte in der Redaktion (der Iskra). Zweimal übernachtete auch ich dort in einer kleinen, dunklen Kammer, alte Zeitungen dienten als Bett. Wohl stand in dem Zimmer, das Wera Sassulitsch bewohnte, ein schmales Eisenbett, aber es war, wie jeder andere Fleck im Zimmer mit Büchern und Zeitungen über und über bedeckt und ich bin überzeugt, dass auch sie des Nachts nicht im Bett, sondern auf Zeitungen schlief ... Nach dem Frühstück wollte ich etwas aufräumen. Das war jedoch unmöglich, denn erstens fehlten jegliche Utensilien dazu ... und zweitens erklärte mir die liebe Wera Iwanowna ausdrücklich, ich solle mich ja nicht unterstehen etwas anzurühren, es würde ihr nur die ›Ordnung‹ zerstören und dann könnte sie nachher nichts mehr finden.«

Wenn ich auf diese kleinen Züge in dem Bildnis von Wera Sassulitsch so ausführlich einging, so tat ich es in der bewussten Absicht, dasselbe recht plastisch zu gestalten und von allen Seiten zu beleuchten. Ich wollte beweisen, dass dieselbe Wera, die ohne zu zaudern, unter Einsatz ihres Lebens, es auf sich nahm, scharf und entschieden gegen die im zaristischen Russland herrschende Gesetzlosigkeit, gegen die öffentliche Selbsterniedrigung, gegen die Feigheit der Presse zu protestieren, die es unternahm »zu zeigen, dass eine solche Willkür vonseiten einer Person nicht gleichgültig hingenommen werden darf« (Weras eigene Worte vor Gericht), dieselbe Wera, deren Tat als Protest der Menschenwürde gegen Bedrückung und Brutalität ein so begeistertes Echo in der ganzen Welt fand, im persönlichen Verkehr von geradezu rührender Einfachheit und Schlichtheit war.

Gedenken wir ihrer, so mischt sich in die Bewunderung für ihren Heldenmut ein Gefühl der Wehmut darüber, dass es ihr versagt war, den vollen Sieg jener Sache zu erleben, der sie sich von früher Jugend an geweiht hatte. Und tiefe Trauer erfüllt uns darüber, dass sie, die in den ersten Reihen der Kämpfer gegen den Zarismus stand, die mit ganzer Seele der Revolution gedient hatte und im März 1917 schon den Weg offen zu sehen glaubte, für die Freiheit, die Demokratie, den Sozialismus, in einem Russland sterben musste, das für viele der edelsten Vorkämpfer der Befreiung und für viele seiner treuesten Kinder nicht ein Mütterchen Russland sein wollte, sondern eine Stiefmutter geworden war.

Clara Zetkin

(1857 - 1933)

Quelle: »Klara Zetkin«, in: ***Leipziger Volkszeitung***, 14. Jg. (1907), Nr. 153, 5. Juli 1907, S. 2.

Der besten Eine unter den Kämpferinnen fürs Proletariat vollendet mit dem heutigen Tage ihr fünfzigstes Lebensjahr.

Es braucht nicht gesagt zu werden, was Clara Zetkin für die heutige Arbeiterbewegung bedeutet. Nennt man die besten Namen, wird auch der ihre genannt. Niemand ist unter uns, dem sie nicht aus dem Schatze ihres reichen Wissens, aus der Fülle ihres warmen Herzens unendlich viel gegeben und der nicht aus dem sprudelnden Quell ihrer von so schöner Leidenschaft durchglühten Beredsamkeit Kraft und Anregung geschöpft hätte. Niemand ist unter uns, der sich dem mächtigen Zauber dieser starken Persönlichkeit entziehen könnte, die so völlig aufgeht in ihrer großen Aufgabe.

Wer aber das Glück hat, sie außer in ihrem öffentlichen Wirken auch noch in ihrem menschlichen Wesen zu kennen, wer da weiß, wie diese starke mutige Kämpferin, die der ganzen bürgerlichen Gesellschaft trotzig die Stirn bietet, zugleich die zartest empfindende Frau, die hingebendste Mutter, die opferfähigste Freundin ist, der erst wird des vollen Wertes einer solchen Individualität sich bewusst sein.

Kaum den Kinderschuhen entwachsen, hat Clara Zetkin schon die Kampfnatur in sich gespürt. In Leipzig auf dem Lehrerinnen-Seminar schon begann sie, die Ideen in sich aufzunehmen, die sie später so unendlich fruchtbringend verwerten sollte. Neben dem Kampf ums tägliche Brot fand sie immer noch Zeit zu studieren und zu jener wundervollen geistigen Klarheit sich durchzuarbeiten, die ein gediegenes Wissen und eine nimmer wankende Überzeugung zu geben vermögen. Noch in jungen Jahren kam sie nach Paris, wo sie in idealer Ehe mit ihrem ersten Manne Ossip Zetkin ihre Lehrjahre verbrachte. Dort auf dem klassischen Boden der Revolution empfing sie unauslöschliche Eindrücke, die ihrem Geist befruchteten und die darin schlummernden Keime zur vollen Entfaltung brachten. Nach unsäglichen, harten Entbehrungen, nach einer schweren Leidenszeit des Gatten, die erst mit dessen Tode ihren Abschluss fand, kehrte Clara Zetkin nach Deutschland zurück und fast fürchtete man damals, die schweren Sorgen und Kümmernisse hätten ihre Lebenskraft gebrochen. Doch ihre starke Natur raffte sich empor, und nachdem sie die körperliche Schwäche überwunden hatte, begann für sie eine Zeit der intensiven Tätigkeit. Was sie in der Redaktion der ***Gleichheit*** geleistet, wie sie und immer nur sie in unermüdlicher Arbeit das Blatt aus den kleinsten Anfängen zu einem der meistgelesenen, inhaltsreichen, vielseitigsten in der Parteipresse emporgehoben hat, das wissen wir alle. Sie hat einen Stab von Mitarbeitern herangezogen, die den höchsten Anforderungen entsprechen, ihrer unermüdlichen Kleinarbeit ist es zu danken, wenn heute eine ganze Reihe von Frauen politisch geschult ist; sie hat in unzähligen Briefen, die liebevoll auf jede Individualität eingingen, Ratschläge gegeben, den Bildungsgang jeder einzelnen beeinflusst und so in unsichtbarem Schaffen ein Riesenwerk geleistet, das noch größer und verehrungswürdiger ist, als ihr zutage tretendes öffentliches Wirken.

Und so werden es denn an dem heutigen Tage nicht nur Tausende, nein Millionen von Genossen sein, die aus ganzem Herzen mit uns ihr ein frohes

Glückauf zurufen und mit uns sich in dem Wunsche vereinigen, dass sie noch oft die Wiederkehr dieses Freudentages feiern möge, den Feinden zum Trutz, dem kämpfenden Proletariat zum Nutz.

Luise Zietz

(1865 - 1922)

Quelle: »Erinnerungen und Gestalten aus der Internationale«, in: **Handbuch der Frauenarbeit in Österreich.** Herausgegeben von der Kammer für Arbeiter und Angestellte in Wien, Wien (Kammer für Arbeiter und Angestellte) 1930, S. 618–642.

Als auf dem deutschen Parteitag zu Jena 1905 über die Möglichkeiten des politischen Massenstreiks debattiert wurde, und Bebel erklärte, im äußersten Falle würden die Massen, um ihre Forderungen durchzusetzen, auch einmal eine oder zwei Wochen hungern, da trat ihm unter anderen auch ein Redner entgegen, der sagte: »Das ist ja ein Wort, das schön klingt, aber die praktische Durchführung macht doch kein Mensch mit.« Gegen diesen Redner wendete sich eine Genossin mit den Worten:

»Genossen und Genossinnen! Ich möchte an Sie die Frage richten – und wenn wir die Frage an die Massen richten würden, würde die Antwort noch ganz anders ausfallen – wenn ich Sie fragen würde, wer von uns als Kind und unter der Knute des Kapitalismus schon gehungert hat, so würden wohl wenige in diesem Saal mit Nein antworten. Wenn wir das aber getan haben, so müssen wir es erst recht tun, wenn es sich darum handelt, unsere politischen Rechte zu verteidigen.«

Die diese Worte mit bewegter Stimme in den Saal rief, hatte ein Recht so zu sprechen, war sie doch in Hunger und Elend aufgewachsen und hatte sie doch von klein auf die Knute des Kapitalismus am eigenen Leibe verspürt.

Luise Zietz wurde als ältestes von vier Kindern in dem kleinen Ort Bargteheide in Schleswig-Holstein am 25. März 1865 geboren. Der Vater war Weber und trotz bitterster Armut stolz auf sein »selbständiges, zünftiges« Kleinmeistertum, das er nicht aufgab, trotzdem er es nur unter den größten Opfern an Kraft und Gesundheit der ganzen Familie aufrechterhalten konnte.

Er führte einen hoffnungslosen und bitter schmerzlichen Kampf gegen die moderne Textilindustrie, die in seiner nächsten Nähe in der Stadt Neumünster schon ihre großen mechanischen Webereien und Spinnereien erstehen ließ, wo die neuesten durch Dampf getriebenen Maschinen eine Fülle von Garnen, Geweben und Stoffen schufen, gegen deren Billigkeit der arme Handweber nicht aufkam. Wohl erhielt er noch genügend Aufträge von der Landbevölkerung der ganzen Umgegend, die ihm durch ihren Flachsbau und ihre Schafzucht Rohmaterial liefern konnte, aber die nahe Konkurrenz der Fabriken drückte die Preise derart, dass die Mutter und alle vier Kinder unermüdlich mitarbeiten mussten, sollte nur das Notdürftigste für den Unterhalt der Familie herbeigeschafft werden.

Und die Arbeit war schwer und mühsam. Die Rohwolle musste zerpflückt und geölt und durch den »Wolf« gedreht werden, der sie weiter zerkleinerte. Dann kam sie auf die Kratzmaschine, die sie zweimal passieren musste. Diese Maschine wurde durch ein großes Tretrad getrieben, das durch zwei große Hunde in Bewegung gesetzt wurde. Versagten die Hunde, so mussten oft die Kinder in das Rad hinein. Schlimmer aber noch war das Spulen. Stunde um Stunde mussten die Kleinen bei dieser schrecklich eintönigen, ermüdenden Arbeit auf niedrigen Schemelchen hinter dem Spulrad hocken, bis der Rücken schmerzte, der rechte Arm, der das Rad drehte, völlig lahm war und die Fingerchen der linken Hand von den scharf gesponnenen Fäden blutig gerissen waren, die auf die Spule geleitet werden mussten. Und im Winter wurden in der großen Werkstatt, die nie richtig geheizt werden konnte, bei diesen Hantierungen alle Glieder steif und starr, während im Sommer, wenn draußen die Sonne lockte und die Altersgenossen jubelten und lärmten, die Arbeit vollends zur Qual wurde. Aber unaufhörlich trieb der Vater zur Eile an, denn Hunger tut weh und nur allzu oft gab's kein Brot im Haus. Das Schlimmste jedoch war für die Kleine, kaum neunjährige, für ihr Alter besonders zarte Luise, wenn sie »liefern« gehen musste. Kam sie um vier Uhr aus der Schule, so lagen schon die großen Bündel bereit und stundenweit musste sie in die Nachbardörfer die fertige Ware schleppen, vorn einen Pack gesponnener Wolle und auf dem Rücken einen Pack voll gewebter Stoffe, so dass sie oft fast darunter zusammenbrach. Aber sie biss die Zähne zusammen und schritt mit ihrer schweren Bürde tapfer aus. Denn sie wusste, wenn es Geld gab dafür, dann gab es auch wieder einmal richtiges Abendbrot und vor allem brauchte sie an solchem Tage nicht mehr zu spulen. Und nichts ärgeres konnte der Kleinen passieren, als wenn die Bauersfrauen ihr das Geld für die gelieferte Ware nicht geben wollten, weil sie so klein sei und es verlieren könnte. Da bäumte sich das Kind trotzig auf:

> »Kann ich Ihnen die Wolle hertragen, so kann ich auch das Geld dafür nach Hause bringen; ich bin doch schon neun Jahre alt.«

Hatte sie dann das Geld in der Tasche, so lief sie selig heim, sprang über die schlechtesten Feldwege, wenn sie den Weg dadurch abkürzen konnte und spürte keine Ermüdung. Winkte ihr doch außer dem guten Essen und dem Lobe der Mutter noch der schönste Genuss, den es für sie überhaupt gab: Sie durfte dann am Abend lesen! Ihr Lehrer, dessen sie immer mit Dankbarkeit und Rührung gedachte, hatte eine, für eine armselige Dorfschule recht stattliche Schülerbibliothek zu schaffen gewusst, aus der jedes Kind allwöchentlich ein Buch entleihen durfte. Besonders Lesehungrige tauschten außerdem noch untereinander, wenn ihnen die Zeit bis zum Sonnabend zu lang wurde.

Das waren Feierstunden für die kleine Luise, da vergaß sie alles Elend um sich herum und tagelang beschäftigte sich ihre Phantasie mit dem Gelesenen. Sie nahm sich vor, es den Helden dieser Geschichten gleichzutun, das Höchste anzustreben und zu erreichen. So ward der Same des Guten gelegt in dem Herzen des kleinen, mühseligen und beladenen Weberkindes, der schöner und für die Menschheit nutzbringender aufgehen sollte, als es sich je hätte träumen lassen.

Kaum war das Kind der Schule entwachsen, so strebte es vom Hause fort und wurde zu einer Verwandten nach Hamburg gegeben. Aber das bedeutete keine Verbesserung des Loses des jungen Mädchens. Oft erzählte sie mir, wie sehr sie dort ausgenützt worden sei und fügte hinzu, dass Anverwandte meist die ärgsten Ausbeuter seien. Und dabei gäben sie sich immer noch den Anschein von Wohltätern.

Sie musste dort im Haushalt die schwersten und gröbsten Arbeiten verrichten, tagtäglich die Fußböden reiben, die Kinder warten und hüten und ihre Arbeitszeit war eine unbegrenzte.

Da zog sie es vor, sich als freie Arbeiterin zu verdingen, um wenigstens Herrin ihrer Freizeit zu sein. Doch ihr Bildungshunger trieb sie weiter. Sie hatte nur die Volksschule absolvieren können; nun entschloss sie sich die Fröbelschule zu besuchen, um sich als Kindergärtnerin auszubilden. Und nicht lange dauerte es, da wurde ihr politischer Sinn geweckt. Lesen und Lernen, von jeher ihre Leidenschaft, konnte sie nun nach Herzenslust und Hamburg war ein guter Nährboden für das suchende, tastende Mädchen, das schon durch solche harte Leidensschule gegangen. Dort, in der Hochburg der Sozialdemokratie, fand sie die richtigen Vorbilder und Kameraden, in den aufrechten, wortkargen Männern von der »Waterkant« und dort schloss sie sich, 27-jährig, unserer Partei an, der sie bis zu ihrem Tode in unverbrüchlicher Treue und beinahe fanatischer Liebe angehören sollte.

Denn ihr damals noch zarter, durch die entbehrungsreiche Jugend geschwächter Körper, barg eine heiße Seele voll von Hass gegen Ausbeuter und Unterdrücker und glühend von dem leidenschaftlichen Wunsch, ihren proletarischen Leidensgenossen beizustehen und nach Kräften zu helfen.

Bald erkannte die Partei, welche Kraft ihr da heranwuchs und zögerte nicht, die junge Genossin an verantwortlichen Stellen organisatorisch und agitatorisch zu beschäftigen. Sie hatte sich inzwischen verheiratet und ihren Mädchennamen Körner, mit dem Namen Zietz vertauscht, der immerdar in der Geschichte der deutschen und der internationalen Sozialdemokratie einen Ehrenplatz einnehmen wird. Von ihrer Ehe sprach sie nicht gerne. Nur einmal sagte sie mir, sie sei eine Enttäuschung gewesen.

Mit ungeheurem Fleiß und mit bewundernswerter Energie suchte die einstige Volksschülerin die Lücken in ihrer Bildung auszufüllen. Sie machte sich vor allem an das Studium der sozialistischen Literatur. Gewissenhaft und gründlich durchdachte und studierte sie alle Fragen, die im Parteileben und in der Agitation in reicher Fülle an sie herantraten. Angeborene Begabung, rasche Auffassungskraft und ein unbeirrbarer politischer Instinkt ließen sie die nicht geringen Schwierigkeiten dieser Lern- und Lehrzeit verhältnismäßig rasch überwinden.

Rastlos in der Kleinarbeit, unermüdlich als Rednerin und Organisatorin, verdiente sie sich ihre Sporen in der Partei und erwarb sich das wachsende Vertrauen der Genossen. Das drückte sich darin aus, dass sie schon im Jahre 1897 vom ersten Wahlkreis in Hamburg zu dem daselbst stattfindenden Parteitag delegiert wurde.

Dort trat sie sofort in bemerkenswerter Weise in der Debatte über die Beteiligung an den preußischen Landtagswahlen hervor, die damals eine in der deutschen Partei sehr heftig umstrittene Frage bildete. Unter allgemeinem, lebhaftem Beifall führte sie aus:

> »Die Wahlen werden durch die Klarheit, die sie den Massen über den Charakter des elendesten aller Wahlsysteme bringen werden, ein gewaltiges Agitationsmittel sein. Gewiß sind die Umstände erschwerend, aber seit wann sind die Sozialdemokraten Erfolgsanbeter?«

Bebels Resolution, die sich für die Beteiligung aussprach, wurde mit 145 Stimmen gegen 64 angenommen und die Geschichte Preußens hat seither den Anhängern der Beteiligung in vollem Maße recht gegeben. Auf demselben Parteitag setzte sich Luise Zietz für den Aufbau des Systems der weiblichen Vertrauenspersonen ein. Sie wies darauf hin, wie wichtig die Haltung und Tätigkeit der Frauen für den siegreichen Ausgang des eben beendeten Hamburger Hafenarbeiterstreiks gewesen sei.

Ein Jahr später sehen wir sie wieder als Delegierte auf dem Parteitag in Stuttgart, wo sie mit Sachkenntnis über die Zollfrage im Hinblick auf die Handelsverträge spricht und sich warm für den Freihandel einsetzt. Es folgt der Parteitag von Hannover 1899 mit seiner denkwürdigen Debatte über den Revisionismus. Energisch weist Luise Zietz Bernsteins Angriffe auf die Grundanschauungen der Partei zurück. Ihre Rede legt Zeugnis dafür ab, wie tief sie in die marxistischen Gedankengänge eingedrungen ist und mit welcher Sicherheit sie ihren prinzipiellen Standpunkt zu vertreten versteht. Und auf die zweifelnde Frage Bernsteins: »Können wir siegen?« antwortet sie mit den überzeugten Worten: »Darum kämpfen wir auf allen Gebieten, um die Arbeiterschaft in materieller und damit in geistiger, moralischer, intellektueller Hinsicht auf eine höhere Stufe zu heben. Sorgen wir, dass möglichst die Revolutionierung der Köpfe mit der Revolutionierung der Verhältnisse Schritt hält, und der Sieg wird unser sein.«

So sehen wir sie nun immer in der vordersten Reihe und immer besser gewappnet, den Kampf gegen die kapitalistische Gesellschaftsordnung führen. Auf jedem Parteitag tritt sie hervor, sei es, dass sie wie in Mainz im Jahre 1900 zur Vereinsgesetzgebung und über die Stellung der Frau in der Partei spricht, oder dass sie in Lübeck 1901 darlegt, wie sehr die proletarischen Frauen an der Art der Gestaltung des Zolltarifes interessiert sind, oder dass sie, wie in München 1902, über Frauen-, Kinder- und Heimarbeiterinnenschutz und Versicherungen beachtenswerte Vorschläge macht, oder wie in Bremen sich glühend für die Hochhaltung der Maifeier einsetzt – immer sind ihre Reden gut fundiert und von warmer Begeisterung getragen und wecken immer ein begeistertes Echo.

Unvergesslich bleibt mir der Eindruck, den eine ihrer Reden auf dem Parteitag von Jena 1905 auf mich machte. Es handelte sich allerdings um ein Thema, das mir besonders am Herzen lag: Von revisionistischer und gewerkschaftlicher Seite wurden bei der Debatte über die Maifeier sehr gröbliche Vorwürfe gegen ***Die Neue Zeit*** und gegen deren Redakteur, den Nur-Theoretiker, Karl Kautsky, erhoben. Luise Zietz nahm die Gelegenheit wahr, ***Die Neue Zeit*** zu verteidigen und die Art, wie diese Frau aus der Arbeiterklasse sich über den Wert der Theorie für den täglichen Kampf aussprach, hätte jedem Intellektuellen Ehre gemacht. Sie sagte:

»Ich bin auf das Tiefste empört über die verächtlichen und herabwürdigenden Äußerungen, die Genosse Schmidt über unser offizielles wissenschaftliches Organ, ***Die Neue Zeit*** gemacht hat. Aus diesen verächtlichen Worten spricht die Verachtung heraus, die in einem bestimmten Personenkreise herrscht, gegenüber unserer theoretischen und wissenschaftlichen Erkenntnis überhaupt. Ich bin immer der Meinung gewesen, dass diese Erkenntnis unsere praktische Arbeit befruchten und die Richtlinien für sie abgeben soll. Wenn statt dessen hier erklärt wird, die kapitalistische Ausbeutung werde die Leute schon lehren was sie zu tun haben, so antworte ich: Die kapitalistische Entwicklung wird den Leuten die Empfindung geben, dass sie zu uns kommen müssen; unsere Aufgabe aber ist es dann, aus diesen Gefühlsanhängern durchgebildete, überzeugungstreue Arbeiter zu machen. Diese Aufgabe können Sie aber nicht lösen, wenn Sie so verächtlich von der theoretischen Erkenntnis sprechen ...« (Sehr richtig! und am Schluss lebhafter Beifall.)

Da war wohl keiner im Saal, der an der Aufrichtigkeit dieser in flammender Begeisterung gesprochenen Worte gezweifelt hätte, der von ihnen nicht fortgerissen worden wäre, kannte doch jeder den Werdegang der Rednerin, wusste doch jeder, ob Revisionist oder Radikaler, wie sie sich aus Not und Elend mühsam emporgearbeitet hatte, so dass sie nun selbst als leuchtendes Beispiel für die Wahrheit ihrer Worte vor den Parteigenossen stand, in ihrer Person den Sieg der Bildung und des sozialistischen Gedankens verkörpernd.

Im Jahre 1904 war sie als Vorsitzende des ersten Hamburger Wahlkreises gewählt worden, ein Posten, den sie vier Jahre lang, bis zu ihrer Übersiedlung nach Berlin innehatte.

Im Jahre 1906 begründete sie die Dienstbotenorganisation in Hamburg, unter dem Namen »Verein für Dienstmädchen, Wasch- und Scheuerfrauen«, deren werbender Erfolg ein geradezu glänzender war.

Als Beweis des Vertrauens und der Hochschätzung, die die Partei für die Arbeit von Luise Zietz empfand, wurde sie im Jahre 1908 als Beisitzerin in den Parteivorstand gewählt, als das erste weibliche Mitglied dieser Institution. Später wurde sie dessen Sekretärin, bis zu dem Tag, wo die unglückselige Spaltung die deutsche Partei in zwei feindliche Lager trennte. Das geschah im Jahre 1917.

Die Jahre von 1914 bis zum Beginn von 1917 bedeuteten eine schwere Leidenszeit für Luise Zietz. Abgesehen von dem Schmerz, den ihr, der stets für den Frieden kämpfenden Sozialistin der Ausbruch des Krieges und die damalige Haltung der Mehrheit der deutschen führenden Genossen bereitete, wurde sie von den inneren Kämpfen im Schoße der Partei und des Parteivorstandes seelisch fast aufgerieben. Oft und oft drohten ihre Nerven zu versagen und nur ihr eiserner Wille, das Banner nicht sinken zu lassen und die Hoffnung auf den Sieg unserer Sache in einer schöneren Zukunft hielten sie aufrecht.

Als sie die tiefe Kluft erkannt hatte, die sie und die mit ihr gleichgestimmten Genossen von der Mehrheit der Parteigenossen trennte, war sie eine derjenigen, die von vornherein überzeugt waren, dass sich die Einheit der Partei bei diesen scharfen Gegensätzen nicht werde aufrechterhalten lassen.

Mit derselben Leidenschaft, mit der sie sich einst in jungen Tagen der Sozialdemokratie angeschlossen, stand sie von da ab im Lager der Opposition, die sich in Gotha im April 1917 als »Unabhängige Sozialdemokratische Partei Deutschlands« (USPD) unter Hugo Haases Führung konstituierte. Mit Haase, Dittmann, Ledebour, um nur die bekanntesten Namen zu nennen, saß sie im Zentralkomitee dieser Partei und nicht nur, dass sie ihr mit derselben aufopfernden Treue und Hingebung diente, mit der sie von jeher ihre Parteipflichten erfüllt hatte, nein, es war jetzt wie ein verzehrendes Feuer über sie gekommen und ihr Arbeitseifer kannte keine Grenzen. Dabei hatte sie hart zu kämpfen, um ihr inneres Gleichgewicht wieder zu finden. Denn die unter heftigen, oft persönlich grausam zugespitzten Auseinandersetzungen erfolgte Trennung von soviel alten Kampfgefährten, hatte ihr einen Stoß versetzt, den sie nie verwunden hat und der sie weiter nach links trieb, als es eigentlich mit ihrer Parteivergangenheit vereinbar war. Die tiefen Wunden, die ihr die scharfen Zusammenstöße im Parteivorstand und im Inneren der Partei vor der Spaltung geschlagen hatten, sind nie mehr geheilt und von der Bitterkeit jener Enttäuschungen hat ihr Wesen nie mehr ganz gesunden können.

Zum Kopfhängen ließen ihr allerdings die Ereignisse des Jahres 1917 keine Zeit. Aus ihrer Stellung als Vorstandsmitglied und Sekretärin der USPD erwuchs ihr eine Fülle von organisatorischen Aufgaben. Daneben vernachlässigte sie ihre schriftstellerische Tätigkeit nicht. Sie hatte schon im Jahre 1907 eine Broschüre über **Landarbeiter und Sozialdemokratie** herausgegeben, die das von ihr über dieses Thema auf dem Mannheimer Parteitag gehaltene Referat in erweitertem Umfange enthielt. In rascher Folge erschienen dann ihre Aufklärungsschriften **Die Frauen und der politische Kampf**, **Zur Frage des Säuglings- und Mutterschutzes** und eine etwas umfangreichere Publikation über Kinderarbeit, Kinderschutz usw., die sie im Auftrage des Parteivorstandes geschrieben hatte. Ihre kleinen Werbeschriften **Bist Du eine der Unserigen?**, **Komm zu uns**, **Warum sind wir arm?**, die sie in den Jahren 1912, 1913 und 1914 veröffentlichte, wirkten durch ihre schlichte Sprache, der jedoch immer ein hohes Ethos innewohnte, außerordentlich anziehend auf die Frauen und gewannen viele, noch unentschlossen Abseitsstehende für unsere Bewegung. Eine sehr wirksame Broschüre über **Gewinnung und Schulung der Frau für die politische Betätigung** kann ebenso wie die vorher erwähnten Schriften auch heute noch mit Nutzen gelesen werden.

Im Verlaufe des Krieges veröffentlichte Luise Zietz eine Arbeit über **Die sozialdemokratischen Frauen und der Krieg**, die das letzte in der Reihe der Ergänzungshefte der ***Neuen Zeit*** bildet und am 16. Juli 1915 erschien. Sie behandelt darin alle Probleme, die der Krieg speziell für die proletarischen Frauen aufgeworfen und schließt mit einem leidenschaftlichen Appell an die sozialistischen Parteien aller Länder, sich für einen baldigen Frieden einzusetzen. Wir lassen ihn hier folgen:

»Heiligste Aufgabe ist uns deshalb: Das Band der Solidarität fester zu knüpfen, national und international, unter allen Männern und Frauen, die sich um das Banner des Sozialismus scharten; unablässig zu werben für den sozialistischen Gedanken und für die sozialdemokratischen Organisationen; bestens mitzuarbeiten an der Befestigung und Vertiefung der sozialistischen Erkenntnis; mit starkem Wollen und geschulter Kraft für die Einheitlichkeit, die Geschlossenheit, die Schlagfertigkeit und die Stärke der Partei zu wirken.«

Wie wenig dies selbst im eigenen Land gelang, haben wir im Vorhergehenden feststellen müssen. Doch wäre es auch in diesem Falle müßig, die »Schuldfrage« aufzuwerfen.

Einzig und allein der Krieg mit seinen unseligen Folgeerscheinungen und seiner Aufwühlung aller Leidenschaften war die Ursache des tiefen Zerwürfnisses in der großen deutschen Partei.

Tragisch gestaltete sich von allem Anfang an das Schicksal der USPD dadurch, dass in ihren Reihen und »unter ihrem schützenden Dach« die Gruppe der Spartakusleute ihre parteizerstörende Tätigkeit begann. Infolgedessen sah sich die junge Partei unaufhörlich von zwei Seiten bedroht und musste sich in aufreibendem Kampfe nicht nur der Klassengegner zu erwehren suchen, sondern auch noch gegen zwei hartnäckige, verbissene Angreifer aus der eigenen Klasse streiten.

Dass Luise Zietz mit ihrem leidenschaftlichen Temperament und ihrer heißen Seele unter diesen sich immer heftiger gestaltenden Zwiespältigkeiten, zu denen sich noch die durch den Krieg verursachten materiellen Entbehrungen gesellten, fast aufgerieben wurde, ist daher nur zu begreiflich. Hätte sie nicht in engster Fühlung mit der revolutionären Masse gestanden und hätte sie aus deren Kundgebungen nicht immer wieder neue Kraft gezogen, so hätten ihre gequälten Nerven dieser dauernden Überanstrengung wohl kaum standgehalten. Und noch ein anderes hielt sie aufrecht: die, wenn auch nur mühsam bewerkstelligte Verbindung mit der Internationale. Wie sehr Luise Zietz vom Anfang des Krieges an bestrebt war, mit dieser in Fühlung zu bleiben, geht daraus hervor, dass sie sich sogleich der Gruppe der Internationale, der sogenannten »Zimmerwalder« zugesellt hatte. Zweimal eilte sie 1917 nach Stockholm, um dort in deren Sinn zu wirken, und das Beisammensein mit den ausländischen Genossen stärkte und erhob sie und gab ihr neue Kraft weiterzukämpfen.

Mit dem Ende des Krieges traten neue Probleme an sie heran, mit denen sie sich vorausschauend schon 1916 in ihrer Broschüre **Zur Frage der Frauenerwerbsarbeit während des Krieges und nachher** beschäftigt hatte.

Nur kurz kann hier von ihrem weiteren Lebenslauf berichtet werden, denn es würde zu weit führen, die Fülle der noch sich drängenden Ereignisse ausführlich zu behandeln.

Es kam der 9. November 1918 und Luise Zietz wurde mit in den Wirbel der revolutionären Ereignisse gerissen, die zu einer vorübergehenden Koalition zwischen Mehrheitlern und USPD-Leuten führten. Nicht lange und die feindlichen Brüder mussten sich wieder trennen.

Es kam zur Gründung der ***Freiheit*** als Organ der Unabhängigen und es kam nach den Schreckenstagen des Bürgerkrieges und der blutigen »Spartakuswochen« zu den Wahlen zur Nationalversammlung im Jänner 1919. Die USPD musterte etwa 2¼ Millionen Stimmen und konnte 22 Vertreter in die Nationalversammlung entsenden. Dass Luise Zietz unter ihnen war, verstand sich von selbst, nach allem, was sie für die Arbeiterschaft geleistet und erkämpft hatte.

Den Wahlen in die Nationalversammlung folgten am 6. Juni 1919 die Reichstagswahlen und Luise Zietz, die mit in den Reichstag einzog, durfte die stolze Freude erleben, dass sich die Stimmenzahl der USPD auf beinahe 5 Millionen, die Zahl der Mandate auf 81 erhöht hatte. Das war eine große Genugtuung, die sie für manche im Kampf erlittene Unbill entschädigte. Und wohl war der tapferen Kämpferin dieser Triumph zu gönnen. Sahen doch ihre Freunde mit Schrecken, wie hart sie von den Erlebnissen der Kriegs- und Nachkriegszeit mitgenommen war. Und leider stand ihr noch Schlimmes bevor.

Im November 1919 traf sie und ihre Partei ein völlig unerwarteter Schlag: Hugo Haase, der Mann, zu dem sie in tiefster Verehrung aufblickte, an dem sie mit einer Kameradschaftlichkeit hing, die an schwesterliche Zärtlichkeit grenzte, der Streiter, an dessen Seite sie jahrzehntelang gekämpft, fiel einem sinnlosen, tückischen Morde zum Opfer und fortan musste sie ihren Lebensweg ohne den geliebten Berater und Führer gehen.

Und nun neigte sich auch der ihrige seinem Ende zu. Auf zwei Parteitagen der USPD, Ende November 1919 in Leipzig und am 12. Oktober 1920 in Halle waltete sie noch ihres Amtes als Berichterstatterin. Auch arbeitete sie mit gewohntem Eifer in der Zentralleitung der Partei und im Parlament, gab auch noch im Jahre 1920 eine Broschüre **Die Frauen und die Reichstagswahlen** und 1921 eine andere, betitelt **Die USPD und die Beamten** heraus, aber ihre Kraft schwand zusehends dahin und immer öfter mussten Freunde und Ärzte sie zwingen, Erholungspausen zu machen.

Am 27. Jänner 1922 stürzte Luise Zietz im Sitzungssaale des Reichstages während einer Rede des Grafen Westarp bewusstlos zusammen. Mitten in der Arbeit hatte der Tod sie ereilt.

Mit ihr starb ein Mensch, der immer nur das Beste gewollt, und es mit dem Aufgebot seiner ganzen Kraft zu verwirklichen bestrebt war, ein Herz stand still, das immer nur für die Enterbten und Erniedrigten geschlagen, ein Leben war beendet, das voll und ganz im Dienste der Arbeiterklasse gelebt worden war. Die Arbeiterklasse dankt es ihr, indem sie ihr Andenken hoch in Ehren hält und ihrer nie vergessen wird.

Verlagsinformation des heptagon Verlags

Luise Kautsky – Gesammelte Schriften

Luise Kautskys Bücher sind heute längst vergriffen und ihre Zeitungsartikel finden sich nur verteilt über verschiedene Bibliotheken. Die als Leseausgabe konzipierte Reihe GESAMMELTE SCHRIFTEN soll Luise Kautskys Texte erneut der interessierten Öffentlichkeit zugänglich machen.

Bisher erschienen in der vom heptagon Verlag herausgegebenen Reihe folgende Bände:

Band 1: Luise Kautsky: **Rosa Luxemburg – Ein Gedenkbuch**
E-Book-ISBN: 978-3-934616-02-8

Band 2: Luise Kautsky: **Starke Frauen – 15 Porträts von Jenny Marx bis Rosa Luxemburg**
E-Book-ISBN: 978-3-934616-03-5
Print-ISBN: 978-3-934616-04-2

Band 4: Luise Kautsky: **Schulverpflegung in Europa**
E-Book-ISBN: 978-3-934616-05-9

Weitere Bände sind geplant.

Download der E-Books unter: www.heptagon.de